크리스천의 자기경영

CHRISTIAN SELF-MANAGEMENT

크리스천의 자기경영

성경대로 사는 것이 답이다

공병호 지음

21세기북스

프롤로그

크리스천,
세상에서 어떻게 승리할 수 있을까?

"크리스천들이 세상과 맞서 더 씩씩하게 살아갈 수 있도록 강연을 부탁합니다."

예수 그리스도를 믿기 시작한 후부터 교회 사역자들로부터 자주 받는 강연 요청입니다. 교회 강연은 신앙 간증 형태가 일반적입니다. 그런데 이렇듯 실용적인 제목의 강연을 요청받는 게 처음에는 신기하기만 했습니다. 하지만 지금은 크리스천들도 이런 문제를 심각하게 고민하면서 살아간다는 사실을 새삼 확인하게 되었습니다.

"믿음을 가진 직장인, 사업가들 그리고 노인들이 세상에서 사업적으로나 신앙적 그리고 가정적으로 성공할 수 있는 주제로 강연을 해주면 좋겠습니다."

한 크리스천 방송국이 아예 '크리스천의 자기경영'과 '크리스천의 인생경영'이란 2가지 주제로 방송을 요청했던 적도 있었습니다. 방송이 나간 다음 필자가 출석하는 교회 성도들로부터 크게 도움이 되었다는 인사를 받게 되었습니다. 그런데 흥미로운 점은 나이가 제법 드신 분들로부터도 생활에 도움이 되었다는 이야기를 들었다는 점입니다.

한 교회의 실업인 모임에서는 '크리스천 경영자의 자기경영과 기업경영'이란 주제로 강연 요청을 해오기도 했습니다. 주일 오후에 나이가 드신 사업가들을 상대로 강연한 적도 있고 젊은 사업가들이 주축을 이룬 조찬 모임에 갔던 적도 있습니다.

그때 저는 '세상의 거친 파고를 헤쳐나가는 크리스천들이 세상을 살아가는 지혜를 정리해보면 어떨까?'라고 생각하게 되었습니다. 물론 저는 크리스천들의 세상 사는 지혜의 대부분이 성경 말씀에 들어 있다는 점을 분명하게 머리로 그리고 가슴으로 받아들이는 사람입니다.

세상에는 신앙을 다룬 책들이 수없이 많지만 신앙과 실용, 신앙과 인문을 접목한 책들은 흔치 않습니다. 특히 크리스천의 자기경영, 인생경영, 기업경영 등과 같은 주제들에 대한 강연들을 하면서 이를 체계화해보는 일도 의미가 있다고 생각했습니다. 이 책은 그런 구상에서 만들어진 책입니다.

"자신의 힘으로 스스로를 경영하라!"라는 조언은 자신의 노력을 강조하는 실용주의적 접근 방법입니다. 반면에 "너의 모든 문제를 주님께 맡겨라"는 성경적 접근 방법입니다. 하나님의 계획이나 섭리攝理라는 시각으로 세상사를 바라보는 것과 인간의 노력으로 세상사를 바라보는 것은 서로 충돌하지 않습니다. 지혜로운 크리스천이라면 큼직한 풍선 속에 담긴 또 하나의 작은 풍선을 머리에 떠올릴 것입니다. 노력은 섭리의 한 부분으로 생각할 것입니다. 이 2가지는 서로 다른 삶의 방식이나 태도를 가정하고 있지만 크리스천에게는 전혀 충돌하지 않습니다.

  이 책은 신앙과 실용을 접목한 크리스천의 자기경영법입니다. 모두 5개 장에서 74개의 소주제를 뽑고 경쾌한 문장, 실용적인 해법, 쉬운 실천법으로 구성한 자기경영 안내서이자 매뉴얼입니다. 이 책이 세상에서도 예수 그리스도 안에서 승리하는 크리스천들의 길잡이가 되기를 기도합니다.

2018년 5월

공병호

차례

프롤로그_크리스천, 세상에서 어떻게 승리할 수 있을까? ———— 04

1장 세상 속으로 걸어 들어가는 크리스천

01 크리스천은 은혜로 될 수 있습니다 ———————————— 17
02 크리스천은 영적으로 성공한 사람입니다 ————————— 20
03 크리스천은 세상살이에서도 승리해야 합니다 ——————— 23
04 우리는 변화 그 자체로부터 벗어날 수 없습니다 —————— 26
05 변화는 경쟁력 상실과 연결됩니다 ———————————— 29
06 염려와 걱정을 내려놓고 준비할 수 있어야 합니다 ————— 32
07 삶에서 우리가 통제할 수 있는 영역은 제한적입니다 ———— 36
08 통제할 수 있는 영역을 계속 확장해야 합니다 ——————— 40
09 '이 세상'의 특성을 예리하게 이해해야 합니다 ——————— 43
10 '이 세상' 구성원들의 특성을 잘 알아야 합니다 —————— 46
11 '이 세상'은 끊임없이 유행을 만들어야 돌아갑니다 ————— 49
12 크리스천에게는 특별한 삶의 토대가 있습니다 ——————— 53

2장 크리스천의 관점 혁명과 관계 혁명

01 크리스천은 삶이란 구조물의 단단한 기초를 가진 사람입니다 ——— 59
02 믿음을 갖게 되는 것만으로 큰 변화가 시작됩니다 ——— 62
03 택정함을 받은 사람에게는 때가 있습니다 ——— 65
04 믿음은 신을 바라보는 관점을 변화시킵니다 ——— 69
05 믿음은 삼위 하나님을 믿도록 만듭니다 ——— 73
06 믿음은 세계관에 대한 근본적인 변화를 낳습니다 ——— 77
07 믿음은 하나님의 절대주권을 인정하게 만듭니다 ——— 80
08 믿음은 자신을 바라보는 관점을 변화시킵니다 ——— 83
09 믿음은 타인을 바라보는 시각을 크게 바꿉니다 ——— 87
10 믿음은 교만함으로부터 자유를 선물합니다 ——— 90
11 믿음은 사물이나 일을 대하는 태도를 크게 바꿉니다 ——— 93
12 믿음은 고난이나 역경을 바라보는 시각을 변화시킵니다 ——— 97

3장 크리스천의 특별한 자기경영법

01 성경은 언제나 '일어나 걸을 수 있는 힘'을 제공합니다 ———— 103
02 성경을 공부하는 일은 자신을 경영하는 탁월한 방법입니다 ———— 106
03 성경의 중심 주제와 보조 목표를 혼돈하지 않아야 합니다 ———— 110
04 성경 공부에 점점 속도감을 더해야 합니다 ———— 113
05 제대로 된 말씀 공부는 미래를 준비하는 확실한 길입니다 ———— 117
06 자신만의 성경 공부법을 체계화해야 합니다 ———— 121
07 저녁 시간에는 반드시 성경을 펼치시기 바랍니다 ———— 125
08 묵상은 크리스천의 특권이자 강력한 무기입니다 ———— 129
09 기도는 초기에 신앙 성장의 발판이 됩니다 ———— 133
10 고정관념을 깰 수 있다면 수시 기도는 훌륭한 기도 방법입니다 ———— 137
11 올바른 기도에는 주의해야 할 것이 있습니다 ———— 141
12 어디서든 주님을 만날 수 있습니다 ———— 145
13 짧은 기도부터 시작해보시기 바랍니다 ———— 149
14 기도는 자신을 세상 사람과 뚜렷하게 구분시켜줍니다 ———— 152
15 기도는 성령과 함께하는 삶을 가능하게 합니다 ———— 156

4장 자기경영의 이해와 성공 포인트

01 우리 모두는 경영자입니다 — 163
02 자기경영은 필생의 과업입니다 — 167
03 자신을 제대로 아는 일은 여러분 자신의 일입니다 — 171
04 목적지를 제대로 선택해야 합니다 — 175
05 크리스천의 목적지 선정은 세상 사람들과 다릅니다 — 179
06 직업적 정체성을 명확하게 해야 합니다 — 183
07 자신이 가진 경쟁력 원천을 정확히 이해해야 합니다 — 187
08 시대 변화를 읽고 경쟁력의 원천을 변화시켜나가야 합니다 — 191
09 포인트 1(탁월함): '탁월함을 향한 전진'이어야 합니다 — 195
10 포인트 2(계획): 계획 세우기에 능해야 합니다 — 199
11 포인트 3(미흡함): 완전함에 대한 환상을 깨야 합니다 — 203
12 포인트 4(전략): 전략적 사고로 무장해야 합니다 — 207
13 포인트 5(집중): 해야 하는 일에 집중할 수 있어야 합니다 — 211
14 포인트 6(기회): 똑같은 기회는 다시 오지 않음을 기억해야 합니다 — 215
15 포인트 7(심화): 깊이깊이 파고들어야 합니다 — 219

5장 자기경영 실천법

01 지금: 바로 지금 최선을 다해야 합니다 225
02 과제: 타깃을 명확히 해야 합니다 228
03 자조: 남 탓이나 핑계를 대지 않도록 해야 합니다 231
04 화평: 충돌보다는 가능한 한 화평케 해야 합니다 234
05 학습: 자신을 업그레이드시켜나가야 합니다 238
06 겸손: 겸손이 삶 전체에 배경 음악처럼 흐르도록 해야 합니다 242
07 열정: 에너지의 흐름이 원활하도록 해야 합니다 246
08 위험: 리스크를 적절히 관리할 수 있어야 합니다 250
09 도전: 새로운 시도가 없다면 성장도 없습니다 255
10 전망: 시대가 어디로 향하는지 늘 궁금해해야 합니다 259
11 강점: 자신이 잘할 수 있는 일에서 입신해야 합니다 262
12 지혜: 현명하게 판단하고 행동해야 합니다 266

13 우직: '이것이다'라는 판단이 서면 계속 나아가야 합니다 —— 270

14 확장: 자신의 분야를 계속 확장시켜나가야 합니다 —— 274

15 태도: 진지함과 진실로 무장해야 합니다 —— 278

16 집중: 일정 시간 동안 모든 것을 퍼부어야 합니다 —— 283

17 진실: 올바르지 않은 일에 손을 대서는 안 됩니다 —— 287

18 주말: 미래 준비의 초석이 됩니다 —— 291

19 균형: 모두에게 꼭 맞는 균형은 없습니다 —— 295

20 습관: 좋은 습관이 삶을 구합니다 —— 300

1장

세상 속으로
걸어 들어가는 크리스천

크리스천이라면
세상일이든 유행이든
**본질을 꿰뚫어볼 수 있는
지혜가 있어야 합니다.**

01
크리스천은
은혜로 될 수 있습니다

CHRISTIAN
SELF-MANAGEMENT

"성경 말씀이 믿어지는 것은 오로지 은혜로서만 가능합니다."

"내가 궁극적으로 찾는 것은 '이게 다 뭔가?', '어떻게 살아야 참다운가?'에 대한 대답이다. 아마도 확실한 대답을 가지고 있는 사람은 아무도 없었고, 현재도 없고, 또 앞으로도 없을 것 같다."

평생 동안 철학의 세계를 탐구하였던 박이문 교수가 60세를 넘었을 때 썼던 『박이문 철학 에세이: 나의 길, 나의 삶』에 나오는 생각들입니다.

그렇게 고백한 후 20여 년이 지나서 80세를 넘긴 나이에 박이문 교수가 발견한 인생은 이랬습니다.

"오랫동안 인생의 의미를 찾으려고 애썼지만 인생의 궁극적 의미는 없다고 생각하는 허무주의자가 되었고 지금도 그런 생각은 마찬가지다."(정수복, 『삶을 긍정하는 허무주의』)

평생 프랑스로, 미국으로, 독일로, 일본으로 이어지는 지적 여행길에서 얻은 결론이 허무주의라는 점에 놀라는 분들도 있을 것입니다.

여러 학문 분야에 대해 공부해오면서 제가 점점 삶에 대해 깨우치게 되는 잠정 결론도 크게 다를 바가 없습니다. 공부가 많으면 많을수록, 권력을 쥐면 쥘수록, 부富를 쌓으면 쌓을수록, 명성이 화려하면 할수록 인간은 실존적 허무감으로부터 자유로울 수 없는 존재라고 생각합니다.

"전도자가 이르되 헛되고 헛되도다 모든 것이 헛되도다"(전도서 12:8)라는 말씀은 삶의 진리를 담고 있습니다. 이런 면에서 보면 예수 그리스도를 나의 구세주 The Lord로 받아들인 사람은 세월의 흐름이 제공할 수밖에 없는 삶의 허무감으로부터 상당한 자유로움을 일찍부터 얻은 사람들입니다. 그들은 삶의 든든한 토대를 갖게 된 사람들입니다.

물론 믿음의 분량이 적은 사람이라면 완전한 자유로부터 거리가 있을 것입니다. 하지만 믿음의 분량이 점점 커질수록 더욱더 완전한 자유를 얻을 수 있을 것입니다. 초조함으로부터 자유로움, 불안으로부터 자유로움, 걱정으로부터 자유로움, 두려움으로부터 자유로움 등이 모두 예수님을 제대로 믿는 사람들이 가질 수 있는 능력들입니다.

"예수께서 이르시되 내가 곧 길이요 진리요 생명이니"(요한복음 14:6)라는 말씀이 믿어지는 것은 지식이나 이성의 힘은 아닙니다. 종교학이나 신학을 평생 공부해온 학자들조차 예수님을 마음으로 받아들이기 쉽지 않은 경우가 드물지 않게 일어나곤 합니다. 성경에 기록된 것들이 믿어지는 것은 오로지 하나님으로부터 값없이 주어진 은혜grace일 뿐입니다. 지성으로만 성경을 이해하기란 무척 어렵습니다. 공부를 하는 일은 필요하지만 그것만으로 충분치 않은 것이 성경이 담고 있는 진리의 말씀일 것입니다.

02
크리스천은
영적으로 성공한 사람입니다

CHRISTIAN
SELF MANAGEMENT

"크리스천은 세상 속에서도 승리해야 합니다."

"세상에는 우리가 알지 못한 것, 보지 못한 것, 느끼지 못한 것, 그리고 경험하지 못한 것들이 있습니다. 한마디로 '더 있다'는 것입니다."

공부하는 일을 직업으로 삼아오면서 '도대체 내가 얼마나 지식을 가진 상태로 저세상으로 갈 수 있을까?'라는 생각이 들 때가 있습니다. 내가 알 수 없는 세계가 '더 있다'는 확신을 갖게 됩니다.

우리는 물질이 지배하는 시대를 살고 있습니다. 자본주의는 자본이 주인 역할을 하는 그런 체제입니다. 자본주의 시대 이전에는 어떠하였을까요? 『탈무드Talmud』를 공부하다 보면 "가난한 사람은 죽은 사람"이라는 주장들을 담은 비슷비슷한 문장들을 만날 수 있습니다. 자본주의 이전 시대에도 물질이 삶의 중심을 차지하고 있었습니다.

자연스럽게 우리는 물질을 성공의 기준점으로 삼습니다. '그 사람이 얼마나 버는가?' 또는 '그 사람이 얼마나 갖고 있는가?' 등이 성공 여부를 판단하는 기준이 됩니다.

그러나 물질의 세계를 넘어서 영적인 세계를 알거나 경험하는 사람들은 세상을 다르게 바라봅니다. 그들이라고 해서 물질의 중요성을 간과하지는 않을 것입니다. 그들에게 차이가 있다면 하나님과 예수 그리스도의 정체성을 이해하고 성경 말씀대로 살아가려고 노력한다는 점입니다. "누군가 그런 사람이 있다면, 그는 이미 영적으로 성공한 사람"이라는 결론을 내릴 수 있을 것입니다.

인간적인 노력을 하더라도 믿음을 갖기 힘든 사람들도 많습니다. 신학자들 가운데도 "노력과 같은 자유의지에 따라 예수 그리스도를 구주로 받아들일 수 있다"고 말하는 사람들이 있습니다. 또 다른 사람들은 인간의 노력에 의해 믿음을 가질 수 있는 것은 아니라고 주장합니다. 칼뱅Jean Calvin의 예정론을 믿는 사람들은 모태에서 형성되기 이전인 창세전에 하나님에 의해 선택받은 자만이 크리스천이 될 수 있다고 주장합니다. 즉 "복음을 위하여 택정함을 입었으니"(로마서 1:1) 그런 사람만이 예수 그리스도를 믿는다고 합니다. 저는 후자가 성경적 진리라고 생각합니다.

평생 예수 공부를 해온 사람들 가운데서도 믿음에 관해서 방황하는 사람들을 보게 됩니다. 그럴 때마다 예수를 제대로 믿는 것은 지성만으로 가능한 일은 아니라는 생각을 거듭하게 됩니다. 예수를 믿는 일은 하나님에 의해 선택받은 성도들에게 주어지는 특별한 선물이라고 생각하게 됩니다. 따라서 진실하게 믿음의 길로 들어선 사람이라면, 스스로 영적으로 성공한 자임을 잊지 말아야 할 것입니다.

이제 그들에게 남은 것은 2가지입니다. 하나는 영적으로 더욱더 성장하는 것이고, 다른 하나는 세상 속에서도 성공하는 사람이 되는 것입니다. 다시 말하면 자신의 잘됨이 예수 그리스도에게 영광을 돌릴 수 있는 일이 되도록 하는 것입니다.

03
크리스천은
세상살이에서도 승리해야 합니다

CHRISTIAN
SELF-MANAGEMENT

"주님이 기대하는 삶은 최고로 잘하기 위해 노력하는 삶입니다."

"주님은 여러분이 세상에서 어떤 삶을 살아가기를 기대하실까요?" 그분은 우리가 세상에 속고, 사람에게 속고, 자신의 직분을 소홀히 하고, 타인에게 피해를 끼치는 삶을 살아가기를 원하실까요? 결코 그렇지 않을 것입니다. 세상에 속지 않고, 사람에게 속지 않고, 자신의 직분을 훌륭하게 수행해서, 세상을 환하게 비추는 그런 멋진 삶을 우리에게 기대하실 것입니다.

저는 곁에 계신 주님께 이렇게 여쭈어보곤 합니다. "주님은 제가 어떻게 살아가기를 원하십니까?" 타인의 작은 결점이나 실수에 화를 내는 그런 삶은 아닐 것입니다. 자신이 책임져야 할 일을 소홀히 해서 자신과 가족 그리고 주변 사람들에게 피해를 끼치는 삶도 아닐 것입니다. 제대로 일을 하지 못해서 "예수 믿는 사람은 다 저 모양이야!"라고 손가락질받는 삶 역시 아닐 것입니다.

예수님이 우리에게 기대하시는 삶은 "하늘에 계신 너희 아버지의 온전하심과 같이 너희도 온전하라"(마태복음 5:48)라는 성경 말씀으로 오롯이 담을 수 있을 것입니다. '온전하라$_{Be\ perfect}$'는 표현에는 완전함이나 탁월함이나 훌륭함이 모두 포함되어 있을 것입니다.

우리가 어디서 무엇을 하든 예수님의 성품을 닮아가는 그런 삶을 주님이 원하십니다. 직장에서 일을 하든, 학교에서 공부를 하든, 고객을 만나든, 출근길에 있든 삶의 모든 순간은 탁월함이나 훌륭함이란 기준에 맞추어서 하라고 권면하십니다. 그 권면에 충실한 사람들이라면 자신이 가장 많은 시간을 쏟는 직업 세계에서도 큰 성취를 거둘 가능성이 높을 것입니다.

구약 지식이 해박한 유대인들은 『탈무드』에서 자신의 직업 세계에 관한 독특한 견해를 제시합니다. "하나님이 지금 이 순간에도 세상을 더 나은 곳으로 만들기 위해 '제2의 창조 사역'

을 수행하고 계신데, 우리는 직업(일)을 통해서 하나님을 돕는 동역자이다." 이런 직업관을 갖고 있는 사람이라면, 세상일에 있어서도 큰 성취를 이루게 될 것입니다. 유대인들 가운데 걸출한 직업인들이 많은 것은 이런 직업관과도 상당한 관계가 있을 것입니다.

주님이 우리에게 기대하시는 삶을 표현한 다른 성경 말씀은 "여호와께서 너를 머리가 되고 꼬리가 되지 않게 하시며"(신명기 28:13)입니다. 무슨 일을 하든 '머리가 되도록 하라'는 것입니다.

이따금 제가 하고 있는 일을 들여다볼 때가 있습니다. 아주 작은 순간이라도 그 순간이 처음이자 마지막일 수 있다는 생각을 합니다. 어느 순간이든 나에게 주어진 시간에 최선을 다하는 것이야말로 주님이 우리에게 원하시는 것이라 여깁니다.

04
우리는 변화 그 자체로부터 벗어날 수 없습니다

CHRISTIAN
SELF-MANAGEMENT

"세상 변화를 인지하고, 예상하고, 계속 변신을 시도해야 합니다."

"조직의 내적 모습과 외부적 요구가 서로 맞지 않을 경우, 조직은 외부적 요구에 스스로 적응하든지 아니면 점진적 죽음을 감내하든지 양자택일하지 않으면 안 된다."

로버트 E. 퀸Robert E. Quinn의 『기업과 개인의 혁명적 생존 전략 23가지Deep Change or Slow Death』에 나오는 변화와 적응에 대한 단호한 문장입니다. 여기서 조직을 개인으로 대체해도 문제가 없습니다. "어제가 아니라 오늘의 외부적 요구에 맞추어서 변신

하라!"라는 주문입니다. 이를 거부한다면 "업계를 떠나라!"라고 선언하고 있습니다.

크리스천이 자신을 경영하는 일에 관심을 가져야 하는 중요한 이유 가운데 하나는 세상의 모든 것은 변한다는 사실입니다. 어느 누구도 환경 변화가 만들어내는 외부적 요구로부터 자유로울 수 없습니다.

세상에 변하지 않는 것이 있을까요? 오로지 하나님과 성경만이 불변합니다. 그 밖의 모든 것은 변합니다. 한 모임에서 찬송가 반주기를 오랫동안 만들어온 장로님을 만났습니다. 그분은 1980년대 초반부터 전자 업계를 지켜본 산증인으로서 최근 업계 동향을 말하면서 안타까워했습니다.

"공 박사님, 내비게이션, 명함 리더기, 일정 관리 소프트웨어 등 거의 모든 업체가 도산 지경에 이르렀습니다. 모든 기능이 스마트폰으로 들어가면서 돈을 버는 업체는 삼성전자와 애플밖에 없는 것 같습니다. 어떻게 해야 합니까?"

변화의 야멸참과 무자비함에 대한 그분의 지적은 정확합니다. 자신이 성실히 일해왔더라도 환경 변화는 한순간에 오랫동안 쌓아 올려온 사업 영역을 날려버릴 수 있습니다.

항상 현재와 미래에 눈길을 주어야 할 이유가 여기에 있습니다. 시장과 고객이 어떻게 변하는지, 기술과 정책은 어떻게 변하는지, 그 영향은 어떨지 등에 대한 질문을 던지고 계속 답을 찾아야 합니다. 답에 맞추어서 적절한 변신을 시도해나가는 일은 크리스천들에게 꼭 필요합니다.

"마음을 완악하게 하는 자는 재앙에 빠지리라"(잠언 28:14)는 말씀을 가슴에 새기기 바랍니다. 마음이 부드러운 사람만이 세상 변화에 슬기롭게 대처할 수 있을 것입니다. 자신의 지식이나 명철 그리고 과거의 성취에 얽매이지 않고 부드러운 마음을 가져야 합니다.

여기서 한 걸음 나아가 1915년생으로 미국의 철학자이자 작가인 알렌 워츠Allen Watts는 힘주어 강조합니다.

"변화를 이해하는 유일한 방법은 '풍덩' 하고 변화에 뛰어들어서, 변화와 더불어 움직이고 함께 춤을 추는 것이다."

무엇보다도 완고하거나, 완악하거나, 경직적인 생각이나 태도 그리고 마음가짐의 덫에 사로잡히지 않도록 해야 할 것입니다. 크리스천도 세상 변화로부터 예외로 남아 있을 수 없습니다. 세상 변화에 대해 완고한 태도와 마음가짐을 갖지 않도록 주의해야 합니다.

05
변화는 경쟁력 상실과 연결됩니다

CHRISTIAN
SELF-MANAGEMENT

"변화가 낳는 도전 과제 중 으뜸은 개인의 경쟁력 상실입니다."

1950년대 이후 일본 경제는 막강한 국제 경쟁력으로 장기 호황을 누렸습니다. 하지만 1990년대 버블 붕괴 이후에 장기 불황이 계속되면서 일본이 처한 상황도 녹록치 않습니다.

먼저 경제가 호황기였던 1990년대에 비해서 20년 넘게 가계의 평균 소득이 줄어들고 있습니다. 1990년대에 세대당 평균 수입은 6,500만 원을 넘어섰지만 2012년에 그 수치는 5,500만 원으로 줄어들고 맙니다. 평균적으로 전성기에 비해 1,000만원 이상이 줄어들었습니다.

자연스럽게 연금 수령액도 줄어들게 되고 장수 사회가 되면서 일본 고령자 600만 명 중 생활 보호 수준인 1,200만 원에 미치지 못하는 비중이 약 절반인 300만 명을 육박하게 되었습니다. 이들 가운데 70만 명은 정부의 생활 보호 대상자입니다. 200만여 명은 연금 수입만으로 생활하기에 벅찰 정도입니다.

일본 NHK 스페셜 제작팀이 내놓은 『노후파산: 장수의 악몽』에서는 "나도 내 딴에는 성실하게 일하며 살아왔는데, 설마 이런 신세가 되리라는 생각도 못했지요"라고 한탄하는 일본 노인들을 만날 수 있습니다. 일부 전문가들은 일본 노인들 가운데 빈곤으로 힘들어하는 이른바 '하류 노인下流老人'의 수를 600~700만 명으로 추계하기도 합니다.

이런 우울한 이야기를 소개하는 데는 우리 사회가 앞으로 일본보다 더 심각한 상황을 맞을 수 있다는 우려가 깔려 있습니다. 우리는 일본과 비교할 수 없을 정도로 호황기가 짧았습니다. 그리고 일본이 걸었던 것처럼 저성장과 장기 불황 사회로 나아가고 있습니다. 여기에다 고령 사회까지 일본과 점점 닮은꼴이 되어가고 있습니다. 특히 한국은 자녀 교육비 부담이 큰 사회이기 때문에 제대로 준비를 한 채 노후를 맞는 사람들의 비중이 낮습니다.

환경 변화가 여러 가지 도전 과제를 우리에게 던지지만, 이들 가운데 으뜸은 한 개인의 경쟁력에 변화를 가져온다는 사실입니다. 제가 나이를 먹어가면서 겪는 체험에서도 생생하게 느낄 수 있습니다. 30~40대는 직업인으로서의 경쟁력과 이에 따른 경제력을 폭발적으로 축적하는 시기입니다. 50대 중반기를 넘어서면 조직을 떠나야 하는 상황을 맞는 사람들이 많습니다. 특별한 기술을 갖지 않는 한 관리직 업무는 소수만을 필요로 하기 때문입니다.

생각보다 직업인으로서의 수명은 짧습니다. 30년 정도의 현직에서 무엇을 준비해서 길고 긴 삶을 꾸려가야 할지 개인에게는 큰 도전 과제입니다. 지금 탄탄한 조직에서 일하고 있더라도 스스로 계획을 세워 직업인으로서의 경쟁력을 갈고닦아야 합니다. 크리스천도 세상 속에서 살아가기에 변화에 대한 준비는 예외일 수 없습니다.

06
염려와 걱정을 내려놓고
준비할 수 있어야 합니다

CHRISTIAN
SELF-MANAGEMENT

"염려와 불안 그리고 걱정은 아무것도 해결해줄 수 없습니다."

"나이가 들면 어떤 마음이 드는지요?"

 70대 중반을 맞은 한 분에게 노년의 심적인 상태에서 대해 문의한 적이 있습니다. 그분의 이야기가 흥미로웠습니다. 젊은 사람들이 일반적으로 생각하는 것과는 다른 답이 나왔습니다. 그분은 염려에서 자유롭다고 말했습니다. 하지만 걱정과 염려 그리고 불안이 줄어드는 것이 아니라 오히려 늘어나는 분들이 주변에 많음을 안타깝게 여겼습니다.

"걱정하지 않아도 되는 것까지 자꾸 걱정을 쌓아가는 분들이 많습니다. 건강 걱정, 돈 걱정, 아이들 걱정, 손주들 걱정 등을 쌓아가다 보면 나중에는 걱정 때문에 주변 사람들을 불편하게 만들기도 하지요."

신앙심이 깊은 그분은 "저는 모든 걱정과 염려를 주님께 맡겨버립니다"라고 말하였습니다.

미래를 걱정하고 염려하는 것과 계획을 세워 차근차근 준비하는 것 사이에는 뚜렷한 차이가 있습니다. 이런 면에서 신실한 크리스천들은 특별한 강점을 갖고 있습니다. 그들은 성경의 지혜에 주목합니다. 성경은 염려하지 않아도 되는 것을 염려하지 말아야 한다는 점을 분명히 밝힙니다. 주님께 맡겨야 할 것은 맡길 수 있는 사람이어야 한다는 점을 강조합니다.

하나님께 맡겨야 할 것과 자신이 노력해야 하는 것 사이에는 뚜렷한 구분이 필요합니다. 걱정과 염려거리는 주님께 맡기고 자신이 할 수 있는 능력의 범위 내에서 최선을 다해 준비하면 됩니다.

미래에 대한 걱정과 근심이 물밀듯이 밀려올 때는 아래와 같은 성경 말씀이 큰 위안이 될 것입니다.

"내가 너희에게 이르노니 너희 목숨을 위하여 무엇을 먹을까 몸을 위하여 무엇을 입을까 염려하지 말라 목숨이 음식보다 중하고 몸이 의복보다 중하니라 까마귀를 생각하라 심지도 아니하고 거두지도 아니하며 골방도 없고 창고도 없으되 하나님이 기르시나니 너희는 새보다 얼마나 더 귀하냐 또 너희 중에 누가 염려함으로 그 키를 한 자라도 더할 수 있느냐".(누가복음 12:22~25)

신실한 크리스천은 미래에 대한 걱정과 염려를 주님께 내려놓는 사람일 것입니다. 그들은 쓸데없는 걱정과 염려 때문에 에너지를 낭비하지 않습니다. 그들은 "믿는 자에게는 능히 하지 못할 일이 없느니라"(마가복음 9:23)는 주님의 말씀을 늘 가슴에 새기고 살아갑니다.

그들은 주신 능력 안에서 최선을 다해 현재의 문제들을 해결하고 미래를 준비하다 보면, 일을 이루도록 해주시는 분이 계신다는 사실에 굳건한 믿음을 갖고 있습니다. 아마도 크리스천과 비크리스천을 구분하는 뚜렷한 차이 가운데 하나가 염려와 불안을 대하는 태도와 자세일 것입니다.

신실한 크리스천은 묵상이나 기도를 통해 자신이 갖고 있는 이런저런 짐들을 예수 그리스도 앞에 내려놓을 수 있는 사람들입니다. 불안을 극복하려는 인간적인 방법들도 어느 정도 효과가 있겠지만, 기도를 통해 내려놓는 방법에 비할 수는 없을 것입니다.

그러나 모든 크리스천이 염려나 불안으로부터의 자유로움을 얻을 수 있는 것은 아닙니다. 오랫동안 교회를 다니신 주변 분들 가운데서도 세상 사람들과 크게 차이가 나지 않는 분들을 발견하는 경우가 있습니다. 불안과 염려 그리고 허무감 때문에 힘들어하는 나이 든 분들을 만날 때도 있습니다. 대체로 육의 세계, 혼의 세계 그리고 영의 세계에 대한 뚜렷한 정립이 없는 경우가 많았습니다.

언제 어디서나 묵상 기도와 말씀 공부를 통해 예수 그리스도와 인격적인 만남을 가질 수 있다면, 염려와 근심 가운데 대부분을 내려놓을 수 있습니다.

07
삶에서 우리가 통제할 수 있는 영역은 제한적입니다

CHRISTIAN
SELF-MANAGEMENT

"삶에 대한 통제감은 중요하지만 그 한계를 잘 알고 있어야 합니다."

"그가 무리해서 사들인 크고 비싼 저택이 결국 그의 발목을 잡았다. 그는 너무 고가에 집을 사들이고 말았다. 그들 부부가 그 집에 입주했을 때쯤 하필이면 일감이 줄어들기 시작했다. 엎친 데 덮친 격으로 아내인 사스키아가 아이를 셋 낳는데, 셋 모두 영아기를 못 넘기고 죽고 말았다. 1641년 그녀는 다시 아이를 가졌는데, 이듬해 그녀는 죽고 말았다. 그는 어쩔

줄 몰라 했을 것이다. 도움이 절실했다."

러셀 쇼토Russell Shorto의 『세상에서 가장 자유로운 도시, 암스테르담Amsterdam: A History of the World's Most Liberal City』이란 책에 실린 화가 렘브란트Rembrandt에 관한 사연입니다. 위기가 닥치기 전까지만 하더라도 렘브란트에게 초상화를 부탁하려는 사람들이 줄을 섰습니다. 초상화 한 편당 대금도 숙련된 기술자의 반년 치 수입에 해당할 정도로 고가였습니다. 렘브란트는 젊었고 일감이 계속될 전망이었기 때문에 보석을 비롯해서 아내에게 선물할 물건을 거침없이 사 모았습니다. 열정적인 렘브란트는 초상화 그리기 작업 외에도 아카데미 운영과 다른 화가들의 작품 거래까지 사업을 넓혔습니다.

렘브란트의 인생은 어떤 장애물도 없이 순탄하게 펼쳐질 것처럼 보였습니다. 그의 마음은 온통 낙관으로 가득 찼습니다. 하지만 고가 주택 매입 후 예고도 없이 고객과 수입 급감, 아내의 죽음 등이 닥칩니다. 그는 위기를 벗어나기 위해 누군가에게 절실히 도움을 구해야 하는 처지에 놓이게 되었습니다.

젊은 날에 사람들은 대체로 자신의 삶을 자신이 전적으로 통제할 수 있다고 생각합니다. 그러나 세월이 흐르고 이런저런 부침을 경험하면서 삶에 대해 겸허한 마음가짐을 갖게 됩니다. 노력해도 안 될 수 있고, 전혀 예상치 못한 사건들이 자신을 곤혹스런 상태로 몰고 갈 수 있음을 알아차리기 때문입니다. 렘브란트의 불행에 대해 세상 사람들은 "그가 운이 다했구나"라고 단정하고 맙니다.

예수님을 믿는 사람들은 이런 일에 대해 다른 반응을 보입니다. 성경 말씀이 이를 말해줍니다.

"마음의 경영은 사람에게 있어도 말의 응답은 여호와께로부터 나오느니라".(잠언 16:1)

자신이 철저하게 계획을 세우고 열심히 노력하더라도 일을 이루도록 하시는 분은 하나님이란 이야기입니다. 크리스천과 무신론자 사이의 넓은 간격은 바로 이 점에 있습니다.

무신론자는 "모든 것은 내가 할 수 있고, 내가 통제할 수 있다"고 믿습니다. 크리스천은 삶에는 자신이 통제할 수 없는 것들이 많다는 점을 받아들입니다. 세월이 가면서 이따금 떠올리는 문장은 이렇습니다. "내 힘으로만 할 수 있는 게 얼마나 되는가?" 삶은 정말 부서지기 쉬운 것입니다. 굳건하게 보였던 것들이 어느 순간부터 무너져 내릴 수 있습니다. 신실한 크리스천에게 자만이나 교만이 들어설 여지가 없는 중요한 이유입니다.

일찍이 『팡세Pensées』를 집필한 파스칼Blaise Pascal은 인간의 근본적인 문제를 예리하게 지적한 적이 있습니다. 인간에 대한 통렬한 자기 성찰은 이렇습니다.

"인간의 위대는 자신이 비참하다는 것을 아는 점에서 위대하다. 나무는 자기가 비참하다는 것을 모른다. 그러므로 자신의 비참을 아는 것은 비참하다. 그러나 자신이 비참하다는 것을 아는 것이 곧 위대함이다. … 신을 느끼는 것은 심정이지 이성이 아니다. 이것이 곧 신앙이다. 이성이 아니라 심정에 느껴지는 하나님."(블레즈 파스칼, 『팡세』)

08
통제할 수 있는 영역을 계속 확장해야 합니다

CHRISTIAN
SELF-MANAGEMENT

"통제감을 획득하는 방법은 반드시 배워야 하는 스킬입니다."

"머리가 복잡해서 무엇을 해야 할지 헝클어지곤 합니다. 스트레스를 크게 느끼곤 합니다. 이것도 해야 하고 저것도 해야 하는데 어떻게 해야 할지를 잘 모르겠습니다."

강연을 마치고 나오는데 승강기 앞에서 미용실 프랜차이즈로 성공한 사장님이 털어놓은 고민거리입니다. 그동안 제 강연을 여러 번 들었던 분이라서 제가 먼저 "그간 사업 규모가 꽤 커졌을 텐데 요즘 고민거리가 뭡니까?"라는 질문을 던졌기 때문에 털어놓은 이야기였습니다. 저는 그분과 승강기를 기다리는 동안 일종의 코칭 스킬을 활용한 셈입니다.

저는 순간적으로 이분이 어떤 문제를 갖고 있으면 어떻게 해결할 수 있을지 아이디어가 번쩍 떠올랐습니다. 이런 조언을 드렸습니다.

"문제를 머릿속에 두면 자꾸 헝클어지는 것이 자연스러운 이치입니다. 이렇게 하면 이런 문제가, 저렇게 하면 저런 문제가 생길 것처럼 보입니다. 이런 고민 때문에 잠을 설치는 분들이 꽤 있고 신경이 예민해지기도 하지요. 큼직한 백지나 노트 위에다 질문을 써보십시오. 지금 무슨 문제가 있는지, 이들 문제 가운데 어떤 것이 가장 중요한지, 그다음은 어떤 문제인지를 차곡차곡 적어보시기 바랍니다. 펜을 들고 적어나가는 것만으로도 큰 변화를 경험할 수 있을 것입니다. 마치 '언제 그런 고민을 했을까'라는 생각이 들 정도로 복잡한 문제들이 말끔하게 정리될 것입니다. 그냥 노트 위에다 펜을 들고 적는 것만으로 엄청난 변화를 경험하게 됩니다."

이 짧은 코칭 덕분에 그분은 얼굴을 환하게 밝히며 씩씩해졌습니다. 우리는 유쾌하게 헤어졌습니다. 삶이든 사업이든 미래를 향해 나아가는 모든 결정이나 활동에는 불확실함과 통제할 수 없음이 함께합니다. 이런 점은 크리스천이라고 해서 예외가 될 수 없습니다. 크리스천들이 자신을 경영하는 방법에 대해 관심을 갖고 새로운 지식을 습득해야 할 필요성은 통제감을 크게 높일 수 있다는 데 있습니다.

심리학자들은 사람이 스스로 통제할 수 있을 때는 스트레스를 크게 줄일 수 있지만 통제할 수 없는 상황에 놓일 때는 스트레스가 가중된다고 합니다. 그리고 이런 현상을 '통제감 효과Controllability Effect'라고 부릅니다.

지혜로운 사람은 위에서 간단하게 소개한 방법처럼 통제감 효과를 높일 수 있는 중요한 습관들을 갖고 있습니다. 그리고 그들은 그런 방법을 추가적으로 배우는 데 열심입니다. 대단히 효과적이라는 사실을 체험하기 때문입니다. 누구든 약간의 관심만 가지면 얼마든지 배울 수 있는 방법들이 많습니다. 더욱이 비용이 드는 것들이 아니므로 적극적으로 배워서 자신의 것으로 만들면 매우 유익합니다.

09
'이 세상'의 특성을 예리하게 이해해야 합니다

"우리의 기대처럼 '이 세상'은 깔끔하지 않습니다."

"행인들과 지하철 승객들을 관찰하면서 그들의 태도나 눈에 지치고 피곤한 기색을 보았다. 그들은 삶의 시작부터 끝까지 남들이 자기들을 이끌도록 내버려두었으며 시간표와 장소에 얽매어 있었다. 그러나 나는 그렇게 살지 않을 작정이었다."

바르샤바의 게토 출생으로 숱한 고초를 겪으면서도 트레블린카 수용소에서 살아남은 마르틴 그레이Martin Gray의 『살아야 한다 나는 살아야 한다For Those I Loved』에 나오는 깨달음입니다.

그의 아버지는 게토 봉기에서 파르티잔(게릴라)으로 활동하다 마르틴이 지켜보는 앞에서 죽임을 당하고 맙니다. 어머니와 두 남동생 역시 수용소에서 삶을 마감했습니다. 하지만 마르틴은 전쟁에서 기적적으로 살아남은 후에 외할머니와 외삼촌이 사는 뉴욕에 도착했습니다. 그리고 뉴욕 맨해튼의 이곳저곳을 다녔습니다. 그때 그가 자본주의 사회에 대해 얻은 깨달음이 위의 문장에 고스란히 담겨 있습니다.

외삼촌은 봉제 공장에 취직해서 안정적인 삶을 꾸려나가라고 권하지만 마르틴은 고도로 발전된 자본주의 사회의 빛과 그림자를 일찍 깨우칩니다. 스스로 선택할 수 있는 자유를 만든 사람과 그렇지 않은 사람이 존재하는 사회 구조임을 예리하게 읽어냅니다. 오래전에 이 대목을 읽으면서 '이렇게 젊은 나이에 어쩌면 이토록 짧은 시간 안에 자본주의의 빛과 그림자를 읽어낼 수 있을까!'라고 감탄하였던 적이 있습니다. 마르틴은 어떻게 살기로 결심한 것일까요?

"나만의 법을 만들고 나만의 지도를 만들 작정이었다. 나는 내가 기꺼이 받아들이기로 한 구속만을 받으며 자유로운 상태로만 살아갈 것이다." 마르틴이 꿈꾸는 미래는 "언젠가 나는 나만의 요새를 세우리라"는 것이었습니다.

성경은 우리가 사는 '이 세상아래 세상, this world'과 우리가 영원한 생명을 얻고 살아갈 '저세상위 세상, that world'을 뚜렷하게 구분합니다. 성경은 '이 세상'을 물질세계, 형이하학적 세계, 어둠 세상(요한복음 1:5), 악한 세상(요한복음 7:7), 사탄 왕국(요한복음 12:31), 잠깐 지나가는 세상(요한일서 2:17) 등으로 그리고 있습니다. 반면에 '저세상'은 영원 세계, 형이상학적 세계, 빛의 세계(요한복음 1:9), 하나님 자녀의 본향(히브리서 11:14), 낙원(누가복음 23:43) 등으로 묘사하고 있습니다.

'이 세상'은 사람들이 이익을 두고 격렬하게 투쟁하는 곳입니다. 작은 이익에 따라서도 사람들의 언행이 표변하는 곳이 '이 세상'입니다.

하지만 이 세상의 삶은 잠시 머물다 떠나는 나그네의 삶과 같습니다. 나그네 삶이기는 하지만 크리스천들에게는 '이 세상'에 머무는 동안 '이 세상'에서 승리하는 나름의 방법을 배우고 익히고 실천하는 일이 필요합니다.

또한 크리스천들은 '이 세상'의 삶이 나그네 삶인 것을 알기 때문에 작은 일에 크게 연연하지 않을 것입니다. 무언가를 열심히 추구하지만 다른 한편으로는 많은 부분을 내려놓을 수 있다는 이야기입니다.

10
'이 세상' 구성원들의 특성을 잘 알아야 합니다

CHRISTIAN
SELF-MANAGEMENT

"사악한 사람들이 지배하는 세상에서 분별력이 있어야 합니다."

"제게 있어 경영이란 항해의 연장이었어요. 대양을 항해하는 선장이 가장 정확히 알아야 할 것이 뭔지 아세요? '지금 내 배가 어디에 있는가?' 배의 위치를 아는 것입니다. 그래야만 목적지를 향한 정확한 코스를 결정할 수 있어요. 기업이라는 큰 배를 이끄는 경영자에게 가장 필요한 것은 '현재 위치에 대한 정확한 판단'입니다."

동원그룹을 창업한 김재철 회장이 한 인터뷰에서 털어놓은

경영에 대한 단상입니다. 기업 경영에만 이런 진실이 적용될까요? 인생을 경영함에 있어서도 마찬가지입니다. 자신의 현재 위치는 물론이고 자신이 서 있는 곳의 특성을 정확히 이해하고 있어야 합니다.

'인간을 어떻게 바라볼 것인가?' 오래전부터 현자들이 성선설과 성악설로 나뉘어 숱한 논쟁을 벌였고 이 논쟁은 지금까지 이어지고 있습니다. 이따금 발칙한 생각을 해봅니다. 이런 논쟁에 뛰어들었던 사람들이 대부분 학문의 세계에서 활동하던 지식인들이었다는 점에서 저의 발상이 시작되었습니다. 저는 이렇게 생각하곤 합니다.

'이들이 사유의 세계를 떠나서 직접 '이 세상'에서 이익을 두고 사람들과 다투면서 살았더라면 더 현실적인 인간관을 제시할 수 있지 않았을까?'

필자도 안정된 조직 생활을 떠나서 현장에서 활동하면서 '인간의 본성이 본래 선하다'는 '성선설'에 대해서 회의적인 시각을 갖게 되었습니다. 모든 사람이 다 그런 것은 아니지만 이익 앞에서 이런저런 악행을 예사롭게 저지르는 인간 군상을 자주 목격합니다. 그럴 때면 '도대체 식자들은 어떻게 인간 성선설을 주장하였을까?'라는 의문을 갖게 됩니다. 이익이 된다면 양심에 거슬리는 짓을 거리낌 없이 저지르는 사람들을 만날 때면 '어떻게 인간이 저럴 수 있을까?'라며 놀라움을 금할 수 없을 때가 있습니다.

성경은 '이 세상'에 대해 가혹한 평가를 내립니다. '이 세상'은 "공중의 권세 잡은 자"(에베소서 2:2)가 지배하는 세상으로 바라봅니다. 여기서 공중의 권세 잡은 자는 타락한 천사인 마귀를 말합니다.

이익 때문에 표변하는 사람들을 만나다 보면, 사람의 진심과 성품을 알아차리는 분별력이 얼마나 중요한가를 크게 깨우치게 됩니다. 사람들과 어울려 살아갈 수밖에 없는 세상이므로 삶은 고단할 수밖에 없습니다. 불순한 의도를 가진 사람들의 끊임없는 공격으로부터 자신과 가족과 사업체를 보호해야 하기 때문입니다. 그들은 가만히 있어도 내버려두지를 않습니다.

세상살이의 햇수가 한 해 두 해 더해지면서, '인간의 죄성은 참으로 뿌리가 깊고 깊다'는 생각을 자주 하게 됩니다. 자신은 물론이고 타인도 마찬가지입니다.

정도는 조금씩 차이가 있습니다만, 이것을 냉철하게 받아들이고 나면 자신을 대함에 있어서나 타인을 대함에 있어서 대처 방법이 크게 달라질 것입니다.

11
'이 세상'은 끊임없이 유행을 만들어야 돌아갑니다

CHRISTIAN
SELF-MANAGEMENT

"자본주의가 만들어내는 유행에 눈이 가려지지 않아야 합니다."

"자본주의는 유행을 먹고삽니다."
 상품이든 서비스든 자꾸 팔아야 체제가 돌아갈 수 있기 때문에 계속 유행을 만들어내야 합니다.
 주말에 운동을 마치고 나오면 아내가 나올 때까지 잠시 로비의 텔레비전을 볼 때가 있습니다. 그때마다 연예 전문 방송은 걸 그룹 지망생들의 치열한 경연 모습을 중계합니다. 그냥 재미있게 보기만 하면 좋을 텐데, 직업적 특성이 어김없이 발휘되곤 해서 보는 내내 불편함을 느낍니다. 10대의 앳된 소녀들은 짙은 색조 화장으로 잔뜩 멋을 부렸습니다. '저때는 가벼운 기초화장만으로 예쁜 시절인데…'라는 생각이 흘러 지나갑니다. 아내에게 "젊은 날부터 짙은 색조 화장을 하면 나중에 후유증이 없어요?"라는 질문을 던져봅니다. 지금도 피부가 고운 아내는 "아무리 좋은 화장품을 사용하더라도 나중에 후유증이 생기지요. 자꾸 더 짙게 화장을 해야 한답니다"라고 대답해주었습니다.

물론 그런 분야에 자신의 젊음을 투자하지 않아야 한다는 것은 아닙니다. 당연히 그런 분야에서 자신의 기량을 발휘하고 운을 시험하는 젊은이들도 있어야 합니다. 하지만 '무대에서는 시간이란 것이 아주 짧을 수밖에 없는 직업인데, 저렇게 많은 소녀가 저 좁은 문을 두고 귀한 젊은 날을 율동과 노래 부르기에 투자하는 것이 올바른 선택일까?' 이런 질문을 던지게 됩니다. '이 시대가 걸 그룹에 대한 환상을 만들어내기 때문에 더 많은 젊은이가 저 분야에 뛰어들고 있지 않은가?'라는 생각을 해봅니다. 내가 부모라면 어떻게 선택할지에 대해서도 잠시 고민해봅니다.

자본주의는 유행을 만들고, 그 유행은 사람의 눈을 가리곤 합니다. 전공을 선택할 때, 직업을 선택할 때, 배우자를 선택할 때, 투자를 할 때도 유행이 큰 역할을 합니다. 어떤 직업이 뜬다는 소문이 돌면 이것저것 깊이 생각하지 않고 그쪽으로 달려가는 일을 목격하게 됩니다. 그러나 젊은 날 제대로 된 '하드 스킬'을 준비해두지 못하면 평생 어려움을 겪게 됩니다. 여기서 하드 스킬은 항상 수요가 있고 인생의 어느 시기에서든 쉽게 배울 수 없는 지식이나 기술을 말합니다.

구약을 읽을 때마다 구약 지식에 해박한 유대인들이 그토록 오랜 세월 동안 예수 그리스도의 정체성을 구약에서 제대로 이해하지 못했는지 의문을 갖게 됩니다. 세상 기준으로 보면 똑똑한 민족이지만 구성원들 가운데 대다수는 예수 그리스도를 볼 수도 없고 이해할 수도 없었습니다.

"수건을 그 얼굴에 쓴 것 같이"(고린도후서 3:13), "우리가 다 수건을 벗은 얼굴로 거울을 보는 것 같이 주의 영광을 보매".(고린도후서 3:18)

물론 그곳에 하나님의 깊은 계획이 숨어 있다는 것을 알고 있습니다. 전 세계의 다른 민족들에게 복음을 전하기 위해 전 세계 인구의 1%에 미치지 못하는 유대인의 눈을 가리고 그들로 하여금 한 알의 밀알이 되어 썩도록 만든 하나님의 섭리를 생각해보면 눈이 가려진 유대인을 이해하게 됩니다.

여기서 우리는 눈이 가려지면 아무리 지적으로 똑똑한 사람일지라도 얼마든지 바보스러운 짓을 범할 수 있음을 확인하게 됩니다. 수건이 우리의 눈을 가리는 것처럼 이 시대의 유행이 눈을 가리지 않도록 해야 할 것입니다. 시대 변화의 본질을 정확하게 꿰뚫을 수 있는 분별력이 있어야 합니다. 잠시 머물다 사라지는 것이 전부라고 착각하지 않는 지혜도 함께해야 할 것입니다. 크리스천이라면 세상일이든 유행이든 본질을 꿰뚫어 볼 수 있는 지혜가 있어야 합니다.

12
크리스천에게는
특별한 삶의 토대가 있습니다

CHRISTIAN
SELF-MANAGEMENT

"변하는 것이 아니라 변하지 않는 것 위에 인생을 구축해야 합니다."

"당신의 감정은 매우 불완전하기 때문에 결코 당신의 삶에 방향을 제시하는 기초가 될 수 없습니다."

1943년생인 조이스 메이어Joyce Meyer의 고백은 우리에게 삶의 토대나 기초에 대해 생각하게 합니다. 감정 대신에 좋은 품성이나 습관 혹은 결심이란 단어로 대체해도 마찬가지입니다.

좋은 습관이나 태도도 때로는 결심이 도움을 줄 수 있습니다만, 그것은 삶의 기초나 토대가 될 수 있을까요?

한편 유명한 동기 부여가인 지그 지글러Zig Ziglar는 "균형 잡힌 성공을 위한 주춧돌은 정직, 품성, 진실성, 믿음, 사랑 그리고 충성심입니다"라고 역설합니다. 여기서 우리는 2가지의 뚜렷한 대조를 목격하게 됩니다. 한 사람은 성경적 접근(신본주의적 접근)을, 또 한 사람은 실용주의적 접근(인본주의적 접근)을 시도하고 있습니다. 우리가 읽는 대부분의 실용서는 삶의 기초나 초석에 대해 자세히 다루지 않습니다. 그냥 이런저런 것들이 매우 중요하다고 강조할 뿐, 이것들을 초석이나 주춧돌 같은 용어로 부르지는 않습니다. 그런 용어를 사용하기에도 역부족입니다. 지그 지글러는 정직, 품성, 진실성 등과 같은 좋은 성품이나 습관이 주춧돌 역할을 담당할 수 있다고 말합니다만 저는 다소 회의적입니다.

자기계발서 작가로서 그리고 실천가로서 여러분에게 한 가지 질문을 던지고 싶습니다. "자신을 얼마나 믿을 수 있는가?"라는 물음입니다. 좋은 품성을 가진 사람들도 약간 불편한 상황에 처하거나 자존심에 상처를 입기라도 하면 금방 얼굴색이 변하고 기분이 상하였음을 드러내곤 합니다. 특정인에게 해당하는 이야기가 아니라 대부분의 사람들이 그렇습니다. 성직자들은 보통 사람들보다 조금 나은 상태일 것입니다. 그럼에도

"그들이 갈고닦은 품성이나 감정이 삶을 이끌 수 있도록 내맡길 수 있는가"라는 질문에 대해서는 "글쎄요"라는 답을 내놓을 것입니다.

크리스천이 가진 가장 확실한 삶의 토대에 대해 찰스 스탠리 Charles F. Stanley, 1932~ 목사는 단호하게 이야기합니다.

"당신으로 하여금 삶의 온갖 혼란을 뚫고 나아가도록 만드는 유일하고 확실한 토대foundation는 예수 그리스도와의 순수하고 깊은 관계입니다. 삶에서 어떤 먹구름이 몰려오더라도, 만일 여러분이 하나님의 사랑 위에 굳건히 서 있다면 여러분은 이겨낼 것입니다."

믿음을 가진 사람은 성경에 쓰인 '예수 그리스도에 관한 믿음'이라는 토대 위에 하루와 인생이라는 건축물을 차근차근 쌓아 올려야 한다는 점을 강조하고 있습니다. 바로 이 점이 크리스천과 세상 사람들 사이의 큰 차이입니다.

크리스천이 된다는 것은 교회를 정기적으로 출석하는 교인이 되는 것만을 의미하지 않습니다. 세상에는 성경적 진리를 자신의 편의와 이해관계에 맞춰 해석한 교단이나 교파도 있기 때문입니다. 크리스천이 된다는 것은 삼위 하나님을 믿는 것, 성자 하나님인 예수 그리스도에 관한 이야기가 성경임을 믿는 것, 그리고 성경적 지혜 위에 인생을 굳건히 쌓아 올리는 것을 말합니다. 또한 신실한 크리스천이라면 성경적 지혜와 진리에 대한 갈급함과 열망이 있어야 하고, 성경이 가르치는 진리가 무엇인가에 대한 열렬한 탐구심과 사랑이 있어야 합니다. 그 진리가 진정한 의미의 자유로움과 평강을 가져다주기 때문입니다. 교회를 오가는 것이 자유로움과 평강을 가져다줄 수는 없습니다. 그렇게 하는 것만으로 진리에 다가서는 일이 쉽지 않기 때문입니다. 그런 분들은 인생의 먹구름이 덮치면 넘어지고 맙니다.

2장

크리스천의
관점 혁명과 관계 혁명

인생은 바라봄이자
행함입니다.

01
크리스천은 삶이란 구조물의 단단한 기초를 가진 사람입니다

CHRISTIAN
SELF-MANAGEMENT

"관점과 관계에 대한 변화만으로 큰 성과를 거둘 수 있습니다."

'인생은 바라봄이다'.

안산동산교회 김인중 원로목사님의 저서 제목입니다. 이 문장을 풀어 쓰면 '인생은 어떻게 바라보는가에 따라 달라진다' 혹은 '인생은 당신이 선택한 관점에 따라 달라진다'고 표현할 수 있을 것입니다.

저는 김 목사님의 책 제목에 한 단어를 더하고 싶습니다. '인생은 바라봄이자 행함이다.' 행함이 없는 믿음이 없듯이 행함이 없는 성취도 없기 때문입니다. 우선순위를 따지자면 바라봄이 행함보다 앞섭니다. 어떻게 바라볼 것인가와 관련해서는 올바르게 바라봄이 있고, 비뚤어지게 바라봄이 있습니다. 이 것저것 모두 다 받아들일 수 있는 세상이라 하지만 바라봄에는 올바름과 틀림이 있을 수밖에 없습니다.

마찬가지로 행함에 있어서도 올바른 행함과 틀린 행함이 있습니다. 우리는 무슨 일을 할 때 대충대충 행할 수도 있지만 진지하게 그리고 치열하게 행할 수도 있습니다. 행할 때는 자신이 알게 모르게 어떤 일이나 사물이나 사람과 '일정한 관계_{關係}'를 맺게 됩니다.

반드시 인간관계만이 우리가 맺는 관계는 아닐 것입니다. 의식적이든 무의식적이든 우리가 시간이나 에너지를 어떤 것에 투입한다는 것은 곧바로 관계를 맺는 것을 뜻합니다. 어느 누구도 특정한 관계를 맺으라고 여러분을 강제할 수는 없습니다.

지금도 여러분은 책과 혹은 저자와 일정한 관계를 맺고 있습니다. 타인의 강제나 강요에 의해서가 아니라 여러분 자신의 선택에 의해서 말입니다.

크리스천이 된다는 것은 세상과 구별되는 자가 된다는 것을 뜻합니다. 구별됨은 무엇을 뜻할까요? 크리스천은 바라봄과 행함에 있어서 세상 사람과 구별되는 자를 말합니다. 바라봄은 관점觀點으로 해석할 수 있고, 행함을 관계關係로 해석할 수 있습니다. 크리스천은 세상 사람들과 다른 관점 그리고 다른 관계를 선택한 사람들입니다. 그것은 조용하게 이루어지는 선택이지만 혁명 같은 대변혁에 해당합니다.

따라서 크리스천이 된다는 것은 관점 혁명과 관계 혁명을 실천하는 혁명가가 됨을 의미합니다. 이런 혁명은 자기경영을 다리나 빌딩 같은 구조물에 비유하면, 자기경영의 기초 가운데 기초인 '기초 구조물'에 해당합니다.

크리스천은 인생의 기초 중에 기초가 세상 사람들과 완전히 다른 사람을 뜻합니다. 다르기 때문에 거둘 수 있는 성과도 크게 달라집니다.

02
믿음을 갖게 되는 것만으로
큰 변화가 시작됩니다

CHRISTIAN
SELF-MANAGEMENT

"예수님을 믿기 전과 후 사이에는 엄청난 간격이 존재합니다."

"누군가 나에게 '당신에게 인생은 무엇이냐?'라고 묻는다면, 나는 '인생은 탁월함을 향한 전진이자 탁월함을 향해 도道를 닦아가는 여행길'이라고 답하고 싶습니다."

저는 막 50세에 들어설 무렵에 자서전 성격의 책, 『나는 탁월함에 미쳤다: 공병호의 인생 이야기』를 펴낸 적이 있습니다.

얼마나 파격적이고 용감한 일입니까? 세상 기준으로 큰 성취를 한 기업가나 정치가가 아닌데도 불구하고 50년의 삶을 정리할 생각을 하였으니 말입니다. 제가 이처럼 엉뚱한 면이 좀 있는 사람임을 새삼 확인하게 됩니다. 그런데 이 책에는 예수, 그리스도, 기독교 그리고 성경 같은 단어들은 단 하나도 등장하지 않습니다. 뿐만 아니라 인용문 중에도 성경 구절은 단 한 문장도 없습니다.

여러분은 위의 문장의 '도道' 혹은 '닦아가는 여행길' 등과 같은 표현에서 저의 과거 정신세계를 슬쩍 엿볼 수 있을 것입니다. 오로지 자신의 능력과 힘으로 매사를 척척 처리해나갈 수 있다는 그런 견고한 신념이 있었음을 알아차릴 수 있을 것입니다. 저는 위의 문장에 이어서 이런 말도 더했습니다.

"어느 누구도 영원히 그 경지에 도달할 수는 없지만 누구든 한 분야를 선택해서 계속 정진精進해볼 만큼 가치 있는 것이 탁월함이라고 말하고 싶습니다. 설령 자신이 소망하는 결실을 모두 달성할 수 없을지라도 목적지를 향해가는 과정에서 우리는 성취, 쾌락, 유쾌함, 즐거움, 의미를 가질 수 있기 때문에 누구든 삶을 치열하게 사는 것은 선택이 아니라 필수라고 답하고 싶습니다."

'정진精進', '성취成就', '탁월함' 등과 같은 용어도 당시의 저란 사람을 이해하는 데 도움을 줄 수 있습니다. 이런 낙관론에도 불구하고 "나는 궁극적으로 종교나 정치보다 앎에서 하나님같이 되고 싶다는 야망을 갖고 살았습니다"라고 고백한 노년의 철학자 박이문 교수와는 달랐습니다. 당시만 하더라도 아무리 노력하더라도 어떤 특별한 경지에 도달하는 것은 불가능하다는 사실을 잘 알고 있었습니다. 내가 쌓는 지식이라 해봐야 넓은 바다에 떠 있는 작은 나뭇잎에 불과하다는 사실 말입니다. 낙관론자이면서 지적 겸손을 유지한 사람임을 알 수 있습니다.

그런데 어쩌다가 50대 초반까지 기독교에 대해 특별한 지식이 없었던 사람의 삶에 예수 그리스도가 중심을 차지하게 되었을까요? 이성이나 논리 그리고 합리적 인과관계로는 도저히 설명할 수 없는 일임에 틀림이 없습니다. 지성만으로는 도저히 설명할 수 없습니다.

현대인들이 학교에서 배우고 이후에도 계속 배움을 가진다면 그 세계는 대부분 지식의 세계이자 혼의 세계입니다. 이런 세계를 기준으로 하면 50대 초반에 크리스천이 되는 경우는 불가사의한 일이라 부를 정도로 일어나기 힘듭니다. 그런 변화는 일반인들이 익숙하지 않은 영의 세계와 깊이 관련되어 있기 때문입니다. 영성이나 영적 분별력은 노력으로 어느 정도 도움을 받을 수 있지만 근본적으로는 주어지는 것입니다.

03
택정함을 받은 사람에게는 때가 있습니다

"사람이 생각하는 때가 있고 주님의 때가 있습니다."

"나는 팔일 만에 할례를 받고 이스라엘 족속이요 베냐민 지파요 히브리인 중의 히브리인이요 율법으로는 바리새인이요 열심으로는 교회를 박해하고 율법의 의로는 흠이 없는 자라".(빌립보서 3:5~6)

사도 바울의 이력서입니다. 신약성경 27편 가운데 13편이 성령의 도우심으로 바울에 의해 집필된 점을 염두에 두면, 그를 떠나 신약성경을 이야기할 수 없습니다. 그의 회심은 AD 35년 바울이 30세 때 기독교인을 박해하기 위해 시리아 다마섹(다마스쿠스)으로 가던 길에 불현듯 일어나게 됩니다.

그는 "내가 내 동족 중 여러 연갑자보다 유대교를 지나치게 믿어 내 조상의 전통에 대하여 더욱 열심이 있었으나"(갈라디아서 1:14)라는 말씀처럼 예루살렘 교인들을 박해하는 데 앞장서기도 했습니다. 사도 바울은 AD 5년에 출생했는데, BC 4년에 태어난 예수님보다 8~9세 아래였습니다.

제가 『공병호, 탈무드에서 인생을 만나다』라는 책을 펴내기 위해 『탈무드』를 공부하면서 내린 잠정적인 결론은 이렇습니다.

"구약 지식에 정통하고 조상들의 유전遺傳에 익숙한 사도 바울 같은 지식인이 예수 그리스도에 대한 믿음을 갖는 일은 이성이나 지식의 도움으로는 불가능한 일이다."

『탈무드』를 깊이 공부하는 유대인들이라면 구약에 대한 지식 때문에 이성의 힘으로 예수 그리스도를 받아들이는 것이 불가능합니다.

베드로나 요한 같은 예수님의 12제자와 달리 사도 바울은 이방인들에 대한 선교 사역을 주로 담당하였으며, 로마 복음화에도 크게 기여하였습니다.

바울은 30세까지 터키 동남부의 갈리기아 지방의 교육 도시 다소에서 이민자 부모 밑에서 공부하였습니다. 다문화권을 이해할 수 있는 지식을 쌓았고 예루살렘에 유학해서 최고의 율법학자 밑에서 교육을 받았습니다. 그는 히브리어, 헬라어, 아람어 그리고 라틴어까지 능통하도록 언어 훈련도 충분히 받았습니다. 이 모든 것은 훗날 그가 로마 복음화를 추진하는 데 밑천이 되었습니다.

사도 바울의 일생을 탐구하다 보면 '이방인을 위한 선교 사역을 위해 이토록 철저하게 준비시키셨구나'라는 놀라움을 금할 수 없습니다.

하나님이 바울을 이방 선교와 문서 사역 등을 위해 모태에서 생성되기 이전에 택정하여 준비하셨음을 확인할 수 있습니다. "내 어머니의 태로부터 나를 택정하시고 그의 은혜로 나를 부르신 이"(갈라디아서 1:15)께서 주님의 때가 되었을 때 그를 사용하셨음을 알 수 있습니다.

오늘날도 지식인들이나, 나이 든 남자들이나, 세상 기준으로 성공한 사람들이 예수님을 자신의 구주로 받아들이는 일은 쉽지 않습니다. 하지만 그가 택정함을 받은 사람이라면, 주님의 때가 되면 회심하지 않을 수 없습니다. 그가 회심 이전에 어떤 삶을 살아왔든지, 모든 것이 마치 점을 연결해서 선이 되고 선을 연결해서 면이 되듯이 하나의 모양이 완성되는 것을 확인할 수 있습니다.

놀랍게도 회심 이전의 다양한 경험들은 언젠가는 하나님 나라를 확장하는 데 사용됨을 목격하게 됩니다. 어떤 사람은 재산으로, 어떤 사람은 지식으로, 어떤 사람은 행동으로 쓰입니다. 언제나 주님의 때가 있음을 기억하기 바랍니다. 택정받은 자라면 언젠가는 예수의 도를 따를 때가 있기 마련입니다.

04
믿음은 신을 바라보는 관점을 변화시킵니다

CHRISTIAN
SELF-MANAGEMENT

"예수 그리스도의 정체성을 아는 일이 삶의 주춧돌입니다."

"우리는 세상의 모든 종교가 사탄의 후손이 세운 바벨론 종교에서 출발했음을 확인하게 될 것이다. … 바벨론 종교는 니므롯, 세미라미스, 담무스의 삼각 구도 속에서 해, 달, 별 숭배 사상과 여신 숭배 사상을 퍼뜨렸다. 뿐만 아니라 그 근본에 자리한 사탄, 즉 용과 뱀의 형상도 전 세계로 퍼져나갔다. 사탄은 이 세상 신으로서 숭배받기 위해 사람들의 욕구를 만족시키는 다양한 모습으로 나타났던 것이다."

이 주장은 황용현 목사의 『여자의 후손』이란 책에 나오는 내용입니다. 세상 종교가 어떻게 등장하게 되었는지 그 역사와 사람의 영계를 다루는 종교가 예외 없이 뱀이나 용을 숭배하게 된 이유와 배경을 흥미진지하게 설명하고 있습니다.

신실한 크리스천은 하나님을 믿는 것과 우상을 숭배하는 것을 구분하는 사람들입니다. 사람은 뭔가를 믿지 않고서는 살아가기가 힘든 존재입니다. 종교를 갖지 않은 무신론자들이라 하더라도 지식을 믿거나 돈을 믿거나 자신을 믿어야 살 수 있습니다. 어떤 사람이 무엇인가를 믿는 것은 그것 위에 삶이란 건축물을 구축하는 것을 뜻합니다. 따라서 우리가 무엇인가를 믿는다면, 자신이 믿는 존재에 대한 정확한 이해가 필요합니다.

크리스천은 성부, 성자, 성령 하나님 즉 삼위 하나님을 믿는 사람들입니다. 삼위 하나님은 각각 본질, 능력, 권위, 지위, 성품, 속성은 같지만 기능 혹은 역할만 차이가 있습니다. 저는 성부 하나님은 계획하시는 하나님계획자, Planner, 성령 하나님은 능력을 부여하시는 하나님능력 부여자, Enabler 그리고 성자 하나님은 실행하는 하나님실행자, Actor이라고 배웠습니다.

기독교와 달리 유대교는 삼위 하나님을 받아들이지 않습니다. 그들은 오직 성부 하나님만을 하나님으로 인정합니다. 따라서 그들에게 크리스천은 예수라는 사람을 숭배하는 우상

숭배자로 보일 뿐입니다. 또한 그들은 예수를 역사적인 인물로 간주하고 역사 속에 존재했던 여러 선지자 가운데 한 사람으로 받아들입니다.

반면에 신실한 크리스천은 예수님을 삼위 하나님 가운데 한 분으로, 그리고 지금도 살아서 역사하시는 하나님으로, 그리고 자신과 언제 어디서나 인격적 교제를 가질 수 있는 성자 하나님으로 받아들입니다. 신실한 크리스천은 말씀이나 기도 그리고 예배를 통해서 언제든지 예수님과 인격적 교제를 가질 수 있다고 믿습니다.

사실 성경적 지혜에 깊이 몰입해 들어가는 사람은 인격적 만남이나 교제를 늘 체험하게 됩니다. 특히 묵상이나 기도 중에 그런 경험을 하기 때문에 그들은 기도하는 일을 좋아합니다. 그들은 기도하거나 간구할 때 "예수 그리스도의 이름을 받들어서 기도합니다"라는 표현처럼 삼위 하나님 가운데서도 성자 하나님인 예수님과 친밀하고 인격적인 관계를 맺습니다.

한편 크리스천은 예수님이 하나님이심을 인정하고 그분이 구원의 유일한 길임을 받아들이는 사람들입니다. 다시 말하면 유일한 구원주로 받아들입니다. 크리스천의 삶은 항상 성자 하나님이신 예수 그리스도가 함께하며, 삶의 중심과 토대에도 예수님이 함께하십니다. 또한 성경 전편이 예수 그리스도에 대한 이야기이며, 역사의 주인공을 예수 그리스도라고 고백하고 받아들이는 사람입니다.

  그러나 오늘날 크리스천들 가운데는 다른 신관神觀을 갖고 있는 사람들도 있습니다. 예수 그리스도뿐 아니라 다른 존재들을 통해서도 구원을 받을 수 있다고 믿는 분들도 있습니다. 같은 크리스천이라도 예수 그리스도를 유일한 구원주로 진심으로 받아들이는가의 여부에 따라 성경에 대한 해석이 갈립니다. 신앙생활의 여러 면에서도 차이가 발생할 수밖에 없습니다.

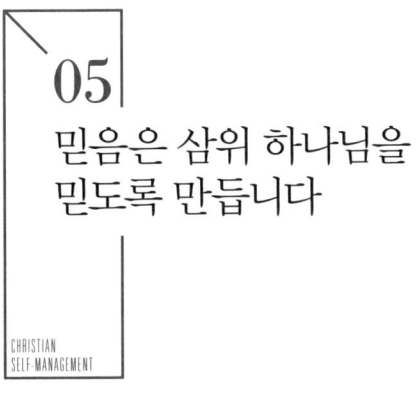

05
믿음은 삼위 하나님을 믿도록 만듭니다

CHRISTIAN
SELF-MANAGEMENT

"하나님의 정체성은 12가지 속성으로 구성되어 있습니다."

"나는 스피노자의 신을 믿소. 인간의 운명이나 행동에 개입하는 신이 아닌, 만물의 조화로 자신의 존재를 나타내는 신 말이오."

1925년 4월 25일, 《뉴욕 타임스》에 「아인슈타인은 스피노자의 신을 믿는다」라는 제목으로 실린 기사의 내용입니다. 여기서 아인슈타인의 신관을 엿볼 수 있습니다.

저는 지식이 많다고 해서 성경의 지혜를 깊이 이해할 수 있는 것은 아니라고 생각합니다. 아무리 지식이 많고, 아무리 오랫동안 신학을 공부했다 하더라도 이성의 영역이 있고 영성의 영역이 있다고 봅니다. 이성이 영성에 도움을 줄 수 있지만 때로는 이성이 영성에 걸림돌이 될 수도 있습니다.

스피노자Spinoza는 최초의 근대 사상가로 꼽히는 인물입니다. 그는 1632년 암스테르담의 유대인 구역에 태어났습니다. 그런데 1656년 7월 27일, 스물네 살의 나이로 자신이 가진 독특한 신관 때문에 유대인 공동체로부터 추방당하고 맙니다.

스피노자에게 신은 생각하거나 영성이 있거나 누군가에게 연민을 느끼거나 기도에 응답하는 존재가 아니었습니다. 그에게 신은 "존재하는 모든 것이 신 안에 있으며, 아무것도 신 없이 존재하거나 생겨날 수 없다"는 것이었습니다. 즉 '신 또는 자연'이란 견해를 갖고 있었습니다.

스피노자의 신관에 대해 철학자 리베카 뉴버거 골드스타인Rebecca Newberger Goldstein은 "이성이라는 종교였다"는 의견을 제시합니다. 유대교 랍비들은 도저히 스피노자가 가진 신에 대한 견해를 수용하기 힘들었을 것입니다. 결국 추방이란 결정이 불가피했을 것입니다.

우리는 흔히 어떤 사람이 공부를 많이 하거나 유명해지면 다른 분야에 대해서도 두루두루 유식할 것이라고 생각하기 쉽습니다. 하지만 전문가들은 대부분 자신이 오랫동안 몸담은 분야에서 전문가일 뿐입니다. 그리고 오랫동안 해온 분야에서도 인간적인 약점 때문에 일반인들에 비해 더 많은 실수를 하는 일들도 자주 일어납니다. 아인슈타인이든 스피노자이든 그들은 자신의 분야에서 전문가일 뿐입니다.

그들이 세속 학문에서 일가를 이룬 인물이라 해서 영적인 세계에서 일반인들과 구별되는 특별한 권위를 가진 것은 아닙니다. 따라서 하나님에 대해 올바른 관점을 갖는 일은 은혜라고 생각합니다. 세상 사람의 기준으로 보면 대단히 불공평한 일입니다. 어떤 사람은 믿음을 가진 지 얼마 되지 않아서 예수님의 정체성을 정확히 아는 데 반해 또 어떤 사람은 수십 년 동안 교회를 다니면서도 항상 회의론적 시각을 갖고 방황하는 경우를 목격할 수 있습니다. 공부를 많이 한다고 해서, 교회를 오랫동안 다녔다고 해서 반드시 올바른 신관을 갖는 것은 아니기 때문입니다.

신실한 크리스천은 예수님의 완전한 신성과 완전한 인성을 인정합니다. 또한 그들에게 성자 하나님은 아담이 타락한 이후에 인류를 구원하기 위해 온 구세주$_{Savior}$이며, 이분을 예수 그리스도라고 부릅니다. 그리고 크리스천은 하나님의 정체성을 믿으며 체험하는 사람들입니다. 저는 하나님의 정체성이 3가지 측면에서 12가지 속성으로 구성되었다고 배웠습니다.

첫째, 존재론적 속성: 삼위 하나님, 창조주이신 하나님, 자존하신 하나님, 영원하신 하나님, 불변하신 하나님.

둘째, 사역적 속성: 전지하신 하나님, 전능하신 하나님, 무소부재하신 하나님.

셋째, 성품적 속성: 사랑의 하나님, 자비로우신 하나님, 은혜로우신 하나님, 공의로우신 하나님.

이성이나 논리나 합리로는 예수님의 완전한 신성과 인성을 믿기가 쉽지 않습니다. 삼위 하나님이 한 하나님이라는 삼위일체론도 이성으로 믿기는 어렵습니다. 더욱이 창조주 하나님이 존재하신다는 사실을 온 마음으로 믿기는 더더욱 어렵습니다. 하지만 창세전에 택정함을 받은 사람은 인생의 어느 순간 다음과 같은 성경 말씀을 진리라고 굳게 믿게 됩니다.

"네가 만일 네 입으로 예수를 주로 시인하며 또 하나님께서 그를 죽은 자 가운데서 살리신 것을 네 마음에 믿으면 구원을 받으리라 사람이 마음으로 믿어 의에 이르고 입으로 시인하여 구원에 이르느니라".(로마서 10:9~10)

06
믿음은 세계관에 대한 근본적인 변화를 낳습니다

"사람들에게 우연한 일이지만 크리스천에게는 하나님의 섭리입니다."

"개혁주의 교회는 하나님을 무에서 존재로 부르시는 단회적인 창조의 일시적인 주체만이 아니라 창조의 지속적인 보존과 주권적인 통치의 주체로도 생각하는 포괄적인 섭리론을 주장한다."

조직신학자 한병수 교수가 「우연과 섭리: 개혁주의 관점에 대한 고찰」(2014)이란 글에서 주장하는 내용입니다. 그의 주장은 하나님은 창조주이시며, 지금도 살아서 세상의 모든 일을 주관하고 계신다는 성경적 세계관世界觀의 핵심을 담고 있습니다. 한마디로 세상에 우연은 존재하지 않으며 세상의 모든 사건은 하나님의 섭리에 따라 움직인다는 세계관입니다.

한 교수는 이런 내용을 더했습니다.

"이 세상에서 하나님의 주권적인 섭리를 벗어나는 어떠한 존재도 없고 어떠한 사건도 없고 어떠한 사태도 없다고 생각한다. 이러한 맥락에서 개혁주의 신학에는 당연히 우연이나 개념이 들어설 신학적 빈 공간은 없다."

'일반적 세계관'과 '성경적 세계관'의 충돌은 우연偶然과 섭리攝理라는 두 단어로 요약할 수 있을 것입니다. 세상 사람들은 "참 운이 좋았다"는 말을 자연스럽게 내뱉습니다. 하지만 신실한 크리스천은 이런 표현을 입에 담지 않습니다. 그 대신 "모두가 하나님의 뜻이었습니다"라는 표현을 즐겨 사용합니다.

세상 사람들과 크리스천은 세상에서 일어나는 크고 작은 사건을 바라봄에 있어서 완전히 다릅니다. 한쪽에게 모든 것은 우연이지만 또 다른 쪽에게 모든 것은 하나님의 섭리입니다.

예를 들어, 성경은 북한의 김정은 같은 악인도 주님의 필요에 따라 사용하신다고 말합니다. 김정은의 사악한 행동은 세상 사람들에게는 우연적인 사건이지만, 크리스천들에게는 그렇지 않습니다. 그 악한 행동에도 하나님의 뜻하신 바가 있다고 받아들입니다. 악인의 악행조차도 예수 그리스도의 장중掌中에 있다고 생각합니다.

이를 요약해서 딱 한 문장으로 표현하면, '역사의 주인공은 예수 그리스도이시다'입니다.

2가지 세계관은 충돌할 수밖에 없습니다. 개혁주의 신학계의 변증학자인 R. C. 스프롤Sproul은『창조인가 우연인가Not a Chance』라는 책에서 우연과 섭리를 뚜렷하게 구분합니다.

"만일 우연이 존재한다면 하나님의 주권을 파괴할 것이다. 만일 하나님이 주권적이시지 않다면 그분은 하나님이 아니시다. 만일 그분이 하나님이 아니시라면 그분은 존재하시지 않는다. 그러므로 만일 우연이 있다면 하나님은 계시지 않다. 만일 하나님이 계시다면 우연이란 없다. 이 둘은 공존할 수 없다."

신실한 크리스천들은 세상의 여러 사건에서 하나님의 섭리를 찾는 데 익숙한 사람들입니다. 그래서 예수 그리스도를 믿는 사람들은 세상 사람들이 당연히 당황해하고 불안해할 역경이나 큰 변화 앞에서도 담대해질 수 있습니다. '이 사건들에도 주님의 뜻하심과 계획하심이 분명히 있을 것'이라고 믿기 때문입니다.

07
믿음은 하나님의 절대주권을 인정하게 만듭니다

CHRISTIAN
SELF-MANAGEMENT

"하나님께 모든 것을 맡기세요. 그분이 모든 일을 주관하십니다."

"성경에는 2가지 기둥이 있는데 그것은 확증과 도전이다."
 구약학자 제임스 샌더스James A. Sanders의 주장입니다. 크리스천들은 성경을 읽으면서 점점 어떤 확신을 갖게 됩니다. 그것은 '예수 그리스도가 어제도 오늘도 그리고 내일도 역사의 주인되시는 분이시고 지금도 살아 계신 분이시다'는 확신입니다. 하지만 그런 확신이 늘 변함없이 유지되는 것은 아닙니다. 크고 작은 어려움이 닥치면 역사의 주인되시는 예수님에 대한 확신이 흔들리는 도전 앞에 놓이게 됩니다.

 크리스천이 된 이후에 우리가 경험하게 되는 확증과 도전 가운데 가장 중요한 점은 무엇일까요? 그것은 '하나님의 절대주권성絶對主權性'일 것입니다. 여기서 절대주권성은 하나님께서 역사의 주인으로서 지금 이 순간에도 만사와 만물을 지배하시는 전능하신 분이시라는 사실을 말합니다.

 크리스천과 세상 사람들 사이의 뚜렷한 관점 차이 가운데 하나가 하나님의 절대주권성입니다. 이것은 세상을 바라보는 관점을 송두리째 바꾸어버립니다.

 믿음을 갖기 이전에는 주로 인과응보因果應報에 바탕을 두고 행동합니다. 착한 행위를 하는 사람은 상을 받고 나쁜 행위를 하는 사람은 벌을 받는다는 발상입니다. 우리가 어린 시절부터 우화나 동화로부터 배우는 권선징악이 은연중에 우리가 세상을 바라보는 관점의 중심을 차지하고 있습니다.

 '뿌린 대로 거둔다'는 것이 중요하지 않다는 이야기는 아닙니다. 그러나 크리스천이 되고 나면 하나님의 절대주권성이 인과응보의 세계관을 상당 부분 대체해버립니다. 절대주권성이 우선이고 그다음에 인과응보가 자리 잡게 됩니다.

 인간 행위에 상관치 않고, 믿음에도 상관치 않고, 의인이 망할 수도 있고 악인이 잘될 수도 있다는 점을 인정하게 됩니다.

이런 모순적인 일에 대해 기분이 상할 때도 있지만 이를 받아들이게 됩니다.

다시 말하면 흥하고 망하는 그 모든 것을 주관하는 하나님의 전능하심에 대한 믿음을 갖게 됩니다. 하나님은 인간의 행위에 얽매이지 않고 오직 스스로 정하신 뜻을 따라 절대주권으로 이루어나가는 전능하신 분이십니다. "마음의 경영은 사람에게 있어도 말의 응답은 여호와께로부터 나오느니라"(잠언 16:1), "사람이 마음으로 자기의 길을 계획할지라도 그의 걸음을 인도하시는 이는 여호와시니라"(잠언 16:9)라는 말씀을 크리스천들은 마음으로 받아들이게 됩니다.

무엇인가를 이루기 위해 열심히 해야 하지만 그 열심만으로 자신의 뜻을 이룰 수 없다는 역설적인 상황을 받아들이게 됩니다. 크리스천들은 점점 더 삶에서 하나님의 절대주권을 체험하고 의지하게 됩니다. 그러나 원인과 결과의 연결 고리에 깊은 신뢰를 두고 있는 현대인의 입장에서는 이성만으로는 하나님의 절대주권론을 받아들이기 쉽지 않습니다. 그래서 크리스천이 되는 일은 세계관에 관한 한 혁명 같은 일이 자기 내부에서 일어난 것을 말합니다.

08
믿음은 자신을 바라보는 관점을 변화시킵니다

"이런저런 실수에 익숙한 자신을 긍휼히 바라봅니다."

"오호라 나는 곤고한 사람이로다 이 사망의 몸에서 누가 나를 건져내랴".(로마서 7:24)

　우리는 사도 바울을 성인이라 부릅니다. 그러나 그 역시 우리와 같은 사람이었을 뿐입니다. 그가 성령의 도우심으로 로마서를 집필한 시점은 AD 57년이었습니다. 크리스천으로 개종하던 해가 AD 35년임을 염두에 두면 22년의 세월이 흘렀을 시점이었습니다. 그가 세 차례의 선교 사역을 마무리 지은 다음이었습니다.

예수님을 진심을 다해 믿은 지 22년이 된 시점에도 사도 바울은 인간적인 약점을 극복하기 힘들었습니다. 이런 고뇌를 '곤고한 사람'이라는 표현을 통해 드러내고 있습니다. 바울은 탄식하기 이전에 이렇게 고백합니다.

"내가 원하는 바 선은 행하지 아니하고 도리어 원하지 아니하는 바 악은 행하는도다 만일 내가 원하지 아니하는 그것을 하면 이를 행하는 자는 내가 아니요 내 속에 거하는 죄니라 그러므로 내가 한 법을 깨달았노니 곧 선을 행하기 원하는 나에게 악이 함께 있는 것이로다".(로마서 7:19~21)

무엇이든 현명하게 결정하고 결심한 것이라면 척척 해낼 수 있다고 생각하는 사람들도 있을 것입니다. 아마도 젊은 사람들 중에 이런 확신을 가진 이들이 더 많을 것입니다. 그러나 세월이 흐르고 이런저런 도전을 시도해보기도 하고 이런저런 어려움들을 겪으면서 인간의 불완전함과 나약함에 대해 깊이 자각하게 됩니다. 물론 무슨 일이든지 척척 해나가는 사람들이라면 인생의 끝 날까지 자신에 대한 굳건한 믿음을 가질 수 있을 것입니다. 하지만 이런 사람들은 흔치 않습니다. 여러분은 어떠신가요?

제가 갖고 있는 사람에 대한 견해는 이렇습니다. 여기서 사람에 대한 견해는 일반인은 물론이고 제 자신에 대한 의견을 포함합니다.

"아무리 노력하더라도 지식은 제한적이고 지혜도 한정되어 있다. 현명하게 내려야 할 결정에 대해서도 이따금 어처구니없는 실수를 범하는 게 사람이다. 의지가 굳센 사람이라도 세상 풍파가 밀어닥치면 당황하기 쉽고, 우직하게 끝까지 뭔가를 밀어붙이는 일에서는 더욱 어려움을 겪는다. 한마디로 인간은 약점투성이다. 심하게 이야기하면 인간은 엉망진창이다. 너나 할 것 없이 말이다."

인간은 누구든지 정확한 판단을 내리는 데 어려움을 겪으며 설령 그렇게 판단하더라도 올바른 행동을 지속적으로 실천하기 힘듭니다. 이런 인간관이 자리 잡으면, '내가 모든 것을 내 힘으로 다 잘 해낼 수 있다'는 신념이 흔들리게 됩니다.

크리스천의 인간관은 인간의 죄성과 쓴 뿌리(사람을 고통스럽게 하고 멸망에 이르게 하는 깊이 내재된 죄악)에 대한 각성과 인간 능력의 한계성에 대한 깊은 자각일 것입니다. 바로 이런 점이 절대자에게 나아가는 계기를 제공합니다. 또한 자신의 능력만으로 그리고 노력만으로 그 어떤 것을 성취하는 일이 가능하지 않다는 깊은 자각을 하게 됩니다. 한마디로 한 인간으로서 근본적인 변화를 경험하게 됩니다. 인본주의적 인간관에서 벗어나 성경적 인간관을 받아들이는 것은 한 사람의 일생에서 '코페르니쿠스적 전환'에 비유할 수 있습니다.

자연스럽게 자신의 실수나 실책에 대해서도 관대하게 대하고 자신을 측은하게 긍휼히 바라보게 됩니다. 마찬가지로 타인의 실수나 실책에 대해서 관대해지고 타인을 바라볼 때도 긍휼한 마음이 앞서게 됩니다. 여기서 타인에는 가족이나 지인들도 포함됩니다.

어떤 사람이 예수님을 제대로 믿고 나서부터 일어나는 변화를 주변 사람들은 알아차리게 됩니다. 주변 사람들에게 까칠하고 퉁명하던 사람이 어느 날부터 관대해졌음을 느낍니다.

09
믿음은 타인을 바라보는 시각을 크게 바꿉니다

CHRISTIAN
SELF MANAGEMENT

"자신이 불완전한 것처럼 타인을 불완전한 존재로 바라보게 됩니다."

"인간에게 있어서 모든 관계의 근원은 하나님이다. 인간이 오직 그리스도와 적절한 관계를 가지고 있을 때 자기 자신과의 관계에 만족감을 가지게 된다. 하나님과 자신과의 관계가 만족할 때 타인과의 관계 속에서도 동일함을 갖게 된다. 하나님이 모든 인간관계의 중심이 되기에 인간관계에서 갈등이 있음은 하나님과의 갈등이 있음을 말한다. 갈등의 근원을 없앨 수 있는 힘은 오직 하나님뿐이다."

「교회 안에서의 인간관계 갈등에 관한 성경적 상담」(황영아)이라는 석사학위 논문을 읽다가 만난 문장들입니다. 세상의 인간관계에서 어려움을 겪는 사람들도 많지만, 출석하는 교회도 예외가 없습니다. 성품이 훌륭한 분이라 하더라도 자존심을 건드리는 일과 마주하면 대부분은 발끈하게 됩니다. 그런데 평범한 사람이 자존심에 상처를 입으면 그 후유증이 만만치 않습니다. 이런 일은 직장이나 사회 그리고 교회에서 드물지 않게 일어납니다.

자신과 타인에 대한 경계선이 비교적 또렷한 서구와 달리 우리는 그 선을 예사롭지 않게 넘어서곤 합니다. 상대방이 특별히 불순한 의도를 갖고 있지 않더라도 그의 무례한 말이나 행동 때문에 상처를 입는 일이 일어나게 됩니다. 그래서 갈등 관리 방법을 다룬 책들이 수없이 쏟아져 나오고 있습니다.

감정에 치우치지 않고 갈등의 본질적인 원인을 정확하게 파악하기, 갈등에 대응하는 6가지 유형(수용, 회피, 협상, 대결, 중재, 단절)으로 대처하기, 상대방 입장에 서보기, 승패 사고가 아닌 승승 사고로 협상하기, 갈등을 유발하는 부정적인 언행 고치기 등과 같은 개선책은 어느 정도 도움을 줄 수 있습니다.

그러나 크리스천이라면 이 모든 해법을 압도하고도 남음이 있는 대단한 방법을 이미 갖고 있음을 잊지 않아야 합니다. 우리는 우리 자신의 죄성에 대해 하나님께 고백합니다. "우리를 긍휼히 여기고 은혜를 베풀어달라"고 기도하고 간구합니다. 우리의 인간관은 인간이 완전함과는 거리가 멀고 실수투성이라는 점에 바탕을 두고 있습니다.

신실한 크리스천이 되면 자신은 물론이고 타인을 바라볼 때도 근본적인 관점의 변화를 경험하게 됩니다. '자신과 타인 모두를 긍휼히 여기게 된다'는 것입니다.

마태복음은 팔복을 누리는 사람들에 대해 이렇게 말합니다. "긍휼히 여기는 자는 복이 있나니 그들이 긍휼히 여김을 받을 것임이요".(마태복음 5:7)

상대가 누구이든 그를 긍휼히 여기는 사람은 하나님의 긍휼을 입게 된다는 말씀입니다. 신실한 크리스천은 이미 경험하고 있을 것입니다. 의도적인 노력을 하지 않더라도 예수님에 대한 믿음이 깊어지면 깊어질수록 자신이 점점 더 타인을 긍휼히 여기게 된다는 사실 말입니다. 이것은 자기 자신이 보기에도 놀라운 변화입니다.

10
믿음은 교만으로부터 자유를 선물합니다

"인간적인 겸손이 도움이 되겠지만 완전한 해법이 될 수는 없습니다."

"주식투자회사인 버크셔 해서웨이Berkshire Hathaway Inc.의 차기 회장이 되는 사람은 기업 몰락의 ABC인 교만, 관료주의, 자만과 싸울 능력을 필요로 한다." 2015년 2월, 84세가 된 워런 버핏Warren Buffett 회장이 주주들에게 보낸 연례 보고서에 첨부한 편지에서 차기 회장의 조건에 대해 밝힌 내용입니다. 그는 "기업의 3가지 암 덩어리가 전이되면, 가장 강한 기업조차 흔들린다"고 강조하기도 했습니다. '교만, 관료주의, 자만'의 뿌리는 '내가 잘났다' 혹은 '우리가 잘났다'는 생각입니다.

개인에게만 해당하는 이야기는 아닙니다. 여러 사람으로 구성된 조직이나 국가도 마찬가지입니다. 사람들이 모인 조직이나 공동체는 성장하면서 시작할 때의 마음을 잊어버리는 경향을 보이곤 합니다. 이런 문제점을 잘 알고 있는 지혜로운 사람들은 후계자나 후손들에게 초심을 잃지 말라는 점을 누누이 강조해왔습니다. 그런데 이것은 정말 쉽지 않은 일입니다.

사람이 고속으로 성장하다 보면 자연스럽게 마음에 교만함이나 우월감이 들어서게 됩니다. 계속 뛰어난 성과를 기록한 사람들이 시작할 때와 같은 마음가짐을 유지하고 있다면, 그는 훌륭한 성품을 가진 예외적인 인물이라 부를 수 있을 것입니다. 쉽지 않은 일이기 때문입니다. 우리 사회에서 이따금 갑질 때문에 언론을 장식하는 사건들을 주의 깊게 보기 바랍니다. 인생의 연륜으로 미루어볼 때 그런 실수를 범하지 않을 법한 나이의 분들이 안하무인의 행동을 저질러 사회적 비난을 받기도 합니다. 금력이나 권력 그리고 지위 면에서 자신과 비교할 수 없을 정도의 사람들을 함부로 대접함으로써 사회적인 공분을 일으키곤 합니다. 저는 이런 사건들을 접할 때마다 인간적인 겸손이란 것이 얼마나 깨지기 쉬운지를 생각합니다. 자칫 잘못하면 가식 같은 행동이 될 수도 있고, 항상 감정을 통제하지 않으면 언제든지 깨지기 쉬운 것이 겸손입니다.

인간적인 어려움을 한꺼번에 해결해주는 방법이 하나님 앞에 겸손해지는 것입니다. 크리스천치고 하나님 앞에서 겸손하지 않을 수 있는 사람이 누가 있을까요? 신실한 크리스천은 인간적으로 겸손하기 위해 특별한 노력을 기울일 필요가 없습니다. 성경을 읽고 말씀대로 살려고 노력하다 보면 자연히 사람들 앞에서 겸손해지고 온유해지지 않을 수 없습니다.

온전한 크리스천으로서 온유함과 겸손함이란 성품을 갖게 됩니다. 우리는 하룻밤 사이에도 주님이 데려갈 수 있는 존재에 지나지 않습니다. 크리스천들에게 겸손은 하나님 앞에서의 겸손이 기초가 됩니다. 하나님 앞에서 진정으로 겸손할 수 있는 사람은 자연스럽게 인간적인 겸손을 유지하게 됩니다. 진정한 크리스천이 누릴 수 있는 특별한 선물입니다.

사실 크리스천들은 "우리의 생사화복을 주관하시는 하나님" 같은 말을 깊은 생각 없이 사용하곤 합니다. 실제로 우리는 언제든지 하룻밤 사이에도 떠날 수 있습니다. 우리의 생명이나 재산이나 지위 등 모든 것이 그 기초가 허약하기 짝이 없습니다. 언제든지 그분이 거두어갈 수 있는 것들입니다. 겸손하지 않을래야 겸손하지 않을 수 없습니다.

11
믿음은 사물이나 일을 대하는 태도를 크게 바꿉니다

CHRISTIAN
SELF-MANAGEMENT

"어떻게 대할 것인가는 직업과 일을 대하는 개인에 의해 결정됩니다."

"태도가 모든 것이다."
영어 속담 가운데 자주 떠올리는 구절입니다. 토머스 제퍼슨은 태도의 중요성을 더 생생하게 강조한 바가 있습니다.
"이 땅에 그 어떤 것도 올바른 정신적 태도를 가진 인간이 세운 목표를 성취하는 것으로부터 멈추게 할 수는 없다. 또한 그 어떤 것도 잘못된 정신적 태도를 가진 사람을 도울 수는 없다."

태어난 시대를 선택할 수는 없고, 태어난 나라를 선택할 수도 없고, 태어난 머리나 부모를 선택할 수도 없습니다. 그러나 우리는 지금 이 순간 내가 하고 있는 일을 어떻게 할 것인지 그리고 왜 해야 하는지를 전적으로 선택할 수 있습니다. 그 모든 것은 우리 자신의 손안에 있습니다.

남이 하는 것만큼 할지, 눈가림 식으로 대충 때우고 말지, 아니면 지극정성을 다해서 하고 있는지는 자신이 잘 압니다. 자신만 잘 알고 있는 것은 아닙니다. 크리스천에게는 주님이 다 알고 계십니다. 그분은 우리의 중심을 들여다보고 계시기 때문입니다. 내가 보기에도 감동할 만큼 할지, 한 걸음 나아가 하나님이 보시기에도 감동할 정도로 할지 자신이 선택하는 것입니다. 어떻게 일을 해야 하는가? 어떻게 사람을 대해야 하는가? 어떻게 어려움을 극복해야 하는가? 이 모든 것은 활동을 뜻하며, 그 활동에는 사람의 자유의지와 선택이 개입됩니다.

인간적으로는 '이 순간이 다시는 돌아오지 않는다'라고 생각하면, 우리가 임하는 모든 순간이 처음이자 마지막이라는 결론을 얻게 됩니다. 삶의 모든 순간을 진실하고 치열하게 살아내야 하는 것은 선택이 아니라 필수라는 깨달음을 얻게 됩니다. 예수 그리스도를 믿기 이전에 제 자신이 순간을 대하는 태도를 결정할 때 가졌던 생각의 중심축 가운데 하나는 '순간을 영원처럼 살아가자!'였습니다.

그런데 예수 그리스도를 믿게 되면서 인간적인 생각과는 비교할 수 없는 한 가지 질문을 더 던지게 되었습니다. 내가 지금 하는 이 일, 내가 지금 만나는 이 사람, 내가 지금 하는 이 생각에 대해서 "하나님께서는 내가 어떻게 하기를 원하시는 것일까?"라고 묻게 되었습니다. 그리고 그 질문에 대한 답대로 살아가려고 노력하게 되었습니다.

이 해답은 성경에 자세히 기록되어 있습니다. 진실한 크리스천이 체험하게 되는 성령의 9가지 열매 가운데 포함되어 있는 '충성'이란 한 단어일 것입니다. 진실한 크리스천은 하나님에게 충성된 자로 살아가는 사람입니다. 그들은 자신이 해야 하는 활동에도 충성하는 사람들입니다.

사람들이 보든지 보지 않든지, 사람들이 알아주든지 알아주지 않든지, 이익이 되든지 되지 않든지, 그것은 중요하지 않습니다. 예수님이 늘 우리의 일거수일투족을 보고 계시기 때문입니다. 성경에는 작은 것에 충성할 것은 물론이고 큰 것에도 충성할 것을 권면하는 말씀이 여러 곳에 기록되어 있습니다.

"지극히 작은 것에 충성된 자는 큰 것에도 충성되고 지극히 작은 것에 불의한 자는 큰 것에도 불의하니라".(누가복음 16:10)

"그 주인이 이르되 잘하였도다 착하고 충성된 종아 네가 적은 일에 충성하였으매 내가 많은 것을 네게 맡기리니 네 주인의 즐거움에 참여할지어다".(마태복음 25:23)

"내 눈이 이 땅의 충성된 자를 살펴 나와 함께 살게 하리니 완전한 길에 행하는 자가 나를 따르리로다".(시편 101:6)

우리가 어떤 상황에서든 어떤 태도로 일할 것인가를 선택할 수 있다는 것은 대단히 매력적인 일입니다. 이런 선택은 우리에게 스스로 책임지는 것이 삶임을 가르쳐줍니다. 어디 이뿐일까요? 이런 선택은 주변 사람들로 하여금 예수의 도를 따르도록 돕는 데도 도움을 줄 것입니다.

큰 목소리로 외치지 않더라도, 감동적인 삶의 모습은 누군가에게 긍정의 영향력을 발휘하게 됩니다. 우리의 모습에 감동 받은 사람들은 이렇게 말할 것입니다.

"예수를 제대로 믿는 사람들은 저렇게 살아갈 수 있구나!"

12
믿음은 고난이나 역경을 바라보는 시각을 변화시킵니다

CHRISTIAN
SELF-MANAGEMENT

"쓴 경험들도 크게 쓰임받기 위한 것이라 생각해야 합니다."

"고난이 없다면 성공도 없다. 더 이상 투쟁할 만한 것이 없다면 성취할 것도 없다. 고난은 약자에게 겁을 줄 수 있지만 용기와 의지를 가진 사람에게는 건전한 자극제가 된다."

『새뮤얼 스마일즈의 자조론Self-hep』에 등장하는 고난의 의미입니다. 새뮤얼 스마일즈Samuel Smiles는 역경의 순기능에 대해서 이런 이야기를 더합니다.

"역경은 참으로 기분 좋은 효용을 갖고 있다. 역경은 우리 자신의 능력을 밝혀주고 힘을 일깨운다. 또한 달콤한 허브처럼 가치 있는 인격이라면 시련을 겪을 때 그윽한 향기를 내뿜는다."

삶의 여정에 항상 순항만 있으면 얼마나 좋겠습니까? 사람들은 습관적으로 일이 잘 풀릴 때면 항상 일이 잘 풀릴 것으로 기대합니다. 그러나 순항 뒤에는 역경이 찾아올 때가 있습니다. 삶은 순항과 역경의 날줄과 씨줄처럼 짜여 있습니다. 세상 사람들이 역경이나 고난을 바라보는 시각은 한 가지로 모아집니다. "힘껏 싸워서 이겨내라!"

크리스천들에게 고난이나 역경은 특별한 의미를 갖고 있습니다. 성경은 고난을 선택 가능한 것이 아니라 불가피한 것으로 가르칩니다. 그래서 '산고의 신학The Theology of Birth Pain'이란 이름으로 고난에 대해 특별한 의미와 내용과 교훈을 가르치는 분들도 있습니다.

이따금 "예수 그리스도께서 사탄을 멸하기 위해서 오셨다"고 말하는 사람들도 있지만, 이는 올바른 주장이 아닙니다. 성경은 '이 세상 임금'이자 '이 세상 신'으로 통하는 사탄조차도 하나님에 의해서 창조된 존재라고 말합니다. 결과적으로 크리스천들은 이들과 함께 이 땅에서 살아가는 한 그들의 공격에 의해 발생하는 고난이나 역경으로부터 자유로울 수가 없습니다.

다만 이런 공격을 허락하시는 분이 하나님이시라는 점을 잊지 않도록 해야 할 것입니다. 여기서 성경의 독특한 고난관과 역경관이 탄생하게 됩니다. 크리스천들은 항상 복만 받는 사람이 될 수는 없습니다. 이들은 이 세상에서 고난과 역경을 경험하면서 하나님의 구원의 손길을 기다릴 수밖에 없는 사람들입니다. 특히 훗날 하나님의 계획에 따라 더 크게 쓰임을 받을 사람일수록 이런 고통을 더 많이 그리고 더 심하게 받을 가능성이 높다는 사실을 기억해야 합니다.

크리스천들은 고난이나 역경을 담대하게 대할 수 있는 사람들입니다. "하나님을 사랑하는 자 곧 그의 뜻대로 부르심을 입은 자들에게는 모든 것이 합력하여 선을 이루느니라".(로마서 8:28) 이런 경지에 들어갈 수 있는 사람이 모든 크리스천은 아닐 것입니다.

신앙심이 깊은 크리스천이라면 "항상 기뻐하라 쉬지 말고 기도하라 범사에 감사하라 이것이 그리스도 예수 안에서 너희를 향하신 하나님의 뜻이니라"(데살로니가전서 5:16~18)라는 말씀을 고난 중에 가슴에 담고 전진해나갈 것입니다.

인간은 의미를 찾아낼 수 있다면 어떤 순간에도 이겨낼 수 있고 참아낼 수도 있는 존재입니다. 성경은 진실한 크리스천은 역경 속에서도 승리하는 사람임을 분명히 증거하고 있습니다. 진정한 크리스천이라면, 역경 속에서도 역경 속에 담긴 하나님의 계획을 이해하려 노력할 것입니다. 동시에 하나님께 간구할 것입니다. "저를 긍휼히 여기셔서 은혜를 베풀어주십시오."

성경을 벗 삼아 고난이나 역경의 시간을 헤쳐나왔던 경험을 단 한 번이라도 가진 사람이라면 이 말씀을 가슴에 품고 있을 것입니다. "내가 가는 길을 그가 아시나니 그가 나를 단련하신 후에는 내가 순금같이 되어 나오리라".(욥기 23:10)

3장

크리스천의
특별한 자기경영법

성경이야말로
세상의 그 어떤 책도 대체할 수 없는
**전무후무한
자기계발서입니다.**

01
성경은 언제나 '일어나 걸을 수 있는 힘'을 제공합니다

CHRISTIAN
SELF-MANAGEMENT

"성경을 색다른 관점에서 바라보면 전무후무한 자기계발서입니다."

"독서는 삶이다." 누군가 저에게 "당신에게 독서는 무엇입니까?"라는 질문을 던지면, 제가 하고 싶은 답입니다. 마치 옷을 입고 벗는 것처럼, 매끼마다 음식물을 섭취하는 것처럼 그동안 정말 많은 책을 읽었습니다.

저의 책읽기는 20대 후반, 학위를 마친 후 입사했던 연구원 시절부터 시작되었습니다. 당시만 하더라도 외국 신간을 소개하는 코너가 드물었습니다. 무엇이든 새로운 것을 배우기를 좋아하는 저는 몇 개 경제 신문의 지면을 확보해서 외국 신간을 소개하는 필자로 활동하였습니다. 그때 동료들 중에는 "왜 돈도 되지 않는 일을 그렇게 열심히 하는가?"라고 핀잔하는 분들도 더러 있었습니다.

견문을 넓히고 다른 분야의 학문적 업적과 지식을 습득하기 위해 시작한 독서는 다양한 장르로 확장되었습니다. 저는 지식에 관한 한 싫증을 잘 느끼는 사람입니다. 그래서 독서는 물론이고 책쓰기 장르도 종으로 횡으로 마구 확장시켜왔습니다. 한곳에 머무르는 것을 지루하게 느끼는 성향이 강하기 때문입니다.

50대 접어들어서는 서양 고전을 시작으로 해서 성경과 『탈무드』까지 집필의 영역을 확장해왔습니다. 여기서 제가 직접 체험한 흥미로운 이야기를 하나 들려드리겠습니다.

수많은 책 중에서 성경에 대한 독특한 개인적 체험입니다. 그것은 수십 번, 수백 번을 듣고 읽어도 늘 새롭다는 점입니다. 특히 성경 가운데서도 특별한 말씀의 경우엔 거의 무한 반복이라고 부를 정도로 듣고 읽어도, 그때마다 위안을 얻고, 힘을 얻고 또한 지혜를 얻게 됩니다. 이것이 어떻게 가능한지 질문을 던지는 분들이 계실 것입니다. 저도 논리나 이성이나 합리만으로 이해할 수 없는 일입니다. 어떻게 하나의 책이 그리고 몇몇 문장들이 수십 번이나 수백 번 반복되어도 지겹지 않은지 신비롭기만 합니다. 지루함을 느낀다면 성경을 계속 듣고 읽고 암기하는 일을 할 수 없을 것입니다.

누군가 저에게 "당신이 지금 좋아하는 활동이 무엇인가?"라고 묻는다면 저는 자신 있게 이야기할 수 있습니다. "2가지가 있습니다. 하나는 성경을 직접 듣거나 읽는 일입니다. 또 다른 하나는 성경에 관한 체계적인 설교나 강연을 집중적으로 듣거나 노트를 읽고 쓰면서 공부하는 일입니다"라고 말입니다.

누가 의무적으로 공부하라고 하면 절대로 할 수 없는 일입니다. 공부가 깊어질수록 재미있고 유익하고 말로 표현할 수 없는 에너지를 얻을 수 있기 때문에 계속할 수 있다고 생각합니다.

서양 고전들에서도 유익한 지식이나 지혜를 얻을 수 있습니다만, 성경만이 제공할 수 있는 특별함이 있습니다. 평면적인 지식이나 지혜를 넘어서 사람을 일으켜 세우는 특별한 힘이 나옵니다. '생명을 살리는 힘'이라는 표현을 사용해도 좋을 것입니다. 마치 배터리를 충전시키듯 에너지를 공급하는 원천이 성경입니다. 그것도 마르지 않는 샘물같이 항상 그런 에너지를 공급할 수 있는 생명의 원천입니다. 이런 점에서 성경이야말로 세상의 그 어떤 책도 대체할 수 없는 전무후무한 자기계발서라 불러도 손색이 없을 것입니다.

02
성경을 공부하는 일은 자신을 경영하는 탁월한 방법입니다

CHRISTIAN
SELF-MANAGEMENT

"성경 공부는 큰마음을 먹고 할 것이 아니라 짬짬이 할 수 있어야 합니다."

"대부분의 책들은 잠시 유행할 뿐입니다. 하지만 성경은 변함없이 늘 그 자리를 지킵니다."

성경이 가진 힘과 권위는 변함이 없다는 뜻입니다. 세상의 지식이나 지혜를 담은 책들은 잠시 유행하다 사라지는 것들이 대부분입니다. 고전 반열에 들어선 책들은 꾸준히 인기를 끕니다만, 이 또한 시대의 유행과 무관하지 않습니다. 어딘가에 의존하기로 결정할 때 세월을 통해 충분히 검증받은 것에 비중을 두는 것이 바람직합니다.

크리스천 가운데는 주일 교회에 머무는 동안만 성경을 가까이할 뿐 주중에는 거들떠보지 않는 분도 계십니다. 일상의 삶이 지나치게 분주하다 보면 성경을 들추어볼 여유 시간을 갖기 힘들 때도 있습니다. 그러나 1시간이나 2시간처럼 긴 시간을 내지 않더라도 1분이든 5분이든 짧은 시간 동안 성경 말씀을 읽거나 듣는 것을 일상적인 일로 여기면 성경을 쉽게 접할 수 있을 것입니다.

공부는 책상 앞에서 반듯하게 앉아서 몇 시간 동안 해야 하는 것이라는 고정관념만 버릴 수 있다면 틈틈이 성경 공부를 할 수 있습니다.

저는 책을 쓰다가 잠시 눈의 피로를 푸는 시간이나 스트레칭을 하는 시간에도 습관적으로 성경에 대한 체계적인 설교를 듣습니다. 5분, 10분 정도도 차근차근 쌓이면 대단한 위력을 발휘하게 됩니다.

지방에 강연이 있을 때는 성능 좋은 이어폰을 가방에 넣고 다니면서 체계적인 로마서 강해나 사도행전 강해 등을 열심히 들으면서 말씀 속에 진리를 깨우치기 위해 노력합니다. 저는 이를 두고 '전천후 성경 공부'라는 나름의 이름을 붙였습니다.

저녁에 잠자리에 들기 전에는 교리 해설서나 교회 설교 내용을 기록한 노트를 틈틈이 읽기도 합니다.

구약에 해박했던 유대인들은 모세 오경 공부를 세상 공부와 거의 같은 반열에 두고 열중한 사람들이었습니다.『탈무드』에는 모세 오경 공부를 중시하는 내용들이 곳곳에 등장합니다. 그들이 가진 세상 사는 지혜의 상당 부분은 구약 지식과『탈무드』지식에 바탕을 두고 있습니다.

크리스천들에게 주어진 특별한 권리 가운데 하나가 성경을 공부하면서 지식, 지혜, 용기 그리고 위안 등을 얻을 수 있는 것입니다. 이처럼 특별한 선물을 놓치지 않는 크리스천이 되어야 할 것입니다.

저는 누군가에게 지나치게 의존하는 것을 좋아하지 않습니다. 세상 학문을 공부할 때나 세상의 일에 대해서도 "어떤 사람이 무엇이라고 하더라"거나 "대부분이 그렇게 생각하더라" 등과 같은 주장을 쉽게 받아들이지 않습니다.

예수 그리스도를 믿고 나서도 어김없이 이런 성향이 드러났습니다. 하나님을 오랫동안 공부해온 분들의 도움을 받지만, 정말 제대로 잘 믿기 위해서는 스스로 교리 체계를 세울 수 있어야 하고 성경 진리에 상당 수준으로 정통해야 한다는 생각을 가졌습니다. 여기에다 더 잘 알면 더 잘 믿을 수 있을 것이라는 생각을 처음부터 가졌습니다.

　물론 성경의 진리를 정확하게 아는 것도 하나님의 은혜 없이는 가능하지 않습니다. 또한 이런 은혜 덕분에 처음부터 체계적으로 성경 공부를 시작하게 되었고 말씀을 중시하는 교회에서 신앙생활을 하게 되었다고 생각합니다.

　"내가 증언하노니 그들이 하나님께 열심이 있으나 올바른 지식을 따른 것이 아니니라".(로마서 10:2)

　성경에 관한 올바른 지식이 가진 유익함은 말과 글만으로는 다 표현할 수 없을 정도입니다. 예수를 믿거나 성경을 공부할 때도 세상사를 관통하는 현명함과 비슷한 부분을 발견합니다. 그것은 무엇이든 본질과 핵심을 꿰뚫을 수 있어야 한다는 이야기입니다.

　성경의 의례나 의식이나 관습이나 형식에 지나치게 얽매이거나, 율법적인 측면에 지나치게 치우치거나, 시대 조류에 지나치게 편승하게 되면, 성경 지혜의 본질을 놓칠 위험이 있습니다. 항상 본질을 잡을 수 있는 크리스천이 되어야 할 것입니다.

03
성경의 중심 주제와 보조 목표를 혼돈하지 않아야 합니다

CHRISTIAN
SELF MANAGEMENT

"중심 주제와 보조 주제를 혼돈할 때 어려움이 시작됩니다."

"색다른 관점에서 바라보면 성경은 전무후무한 자기계발서!"

여기서 우리는 '색다른 관점'이란 표현에 주목해야 합니다. 성경의 유용한 용도 가운데 하나는 우리 스스로를 더 나은 사람으로 만들어내는 데 유용한 지식과 방법을 제공한다는 것입니다. 하지만 성경이 담고 있는 주요 내용이 무엇인지 그리고 성경이 뜻하는 바가 어떤 것인지를 결코 잊지 않아야 할 것입니다.

오늘날 성경 공부나 교회 생활에서 성경의 주목표와 보조 목표를 혼돈함으로써 신앙생활에 어려움을 겪는 사람들이 있습니다. 이들은 신앙생활은 물론이고 크리스천이면 마땅히 누려야 할 능력도 놓쳐버리는 잘못을 범할 수 있습니다.

이런 면에서 저는 신앙생활의 초기부터 '성경에 이르는 올바른 길이 무엇인가?'라는 질문을 갖고 성경과 교회를 대하였다는 점에서 참으로 다행스럽게 생각합니다. 여기에는 제 자신이 옳고 그름에 대한 개인적 성향이 강했던 점도 어느 정도 도움을 주었다고 생각합니다. 하지만 더욱 큰 것은 이것을 변별하는 데 필요한 영적 분별력입니다. 그런 분별력은 공부를 통해서 어느 정도는 얻을 수 있지만, 훨씬 근본적인 부분은 주어지는 선물입니다.

성경에는 성경의 중심 주제와 보조 주제에 대해 명확하게 설명하고 있습니다.

"어려서부터 성경을 알았나니 성경은 능히 너로 하여금 그리스도 예수 안에 있는 믿음으로 말미암아 구원에 이르는 지혜가 있게 하느니라 모든 성경은 하나님의 감동으로 된 것으로 교훈과 책망과 바르게 함과 의로 교육하기에 유익하니 이는 하나님의 사람으로 온전하게 하며 모든 선한 일을 행할 능력을 갖추게 하려 함이라".(디모데후서 3:15~17)

성경의 자기계발서적인 특징은 당연히 보조 목표입니다. 주목표는 '그리스도 예수 안에 있는 믿음으로 말미암아 구원에 이르는 지혜'입니다. 다시 말하면 예수님의 복음 사건에 관한 이야기가 성경의 주목표입니다. 이 점에 대해 예수님 스스로 "성경을 연구하거니와 이 성경이 곧 내게 대하여 증언하는 것이니라"(요한복음 5:39)라고 말씀하셨습니다. 또한 "모세와 모든 선지자의 글로 시작하여 모든 성경에 쓴 바 자기에 관한 것을 자세히 설명하시니라"(누가복음 24:27)라고 기록되어 있습니다.

이를 다시 정리하면 성경의 주요 주제는 이렇습니다. 첫째, 다윗의 혈통으로 성육신하신 예수님이 둘째, 우리의 죄를 대속하여 십자가에 못 박혀 죽으시고 셋째, 죽은 지 사흘 만에 부활하셔서 넷째, 하늘나라로 승천하시고 다섯째, 이분이 그리스도시고 하나님의 아들이심을 여섯째, 우리가 믿고 영생을 얻고 일곱째, 하나님의 말씀을 보고, 듣고, 믿고 순종하여 세상에 널리 알리는 것으로 구성됩니다. 바로 이것을 우리는 복음福音이라고 부릅니다.

마지막에 널리 알리는 것이 포함되어 있기 때문에 복음은 역동적인 의미로 해석됩니다. 신학 이론에서는 삼위 하나님과 예수 그리스도의 정체성을 다루는 기독론이 성경의 주요 주제임을 명확히 하는 일은 크리스천으로서 성장과 자기경영에서도 매우 중요한 부분을 차지합니다.

04
성경 공부에 점점 속도감을 더해야 합니다

CHRISTIAN
SELF-MANAGEMENT

"말씀 공부는 처음에는 의무감으로 시작되지만 점점 흥미를 갖게 됩니다."

"힘과 성장은 계속적인 노력과 투쟁을 통해서만 가능합니다."
 자기계발 분야의 '대가'로 통하는 나폴레온 힐Napoleon Hill이 남긴 당찬 말입니다. '당신이 추구하는 목표를 향해 계속 노력하라! 계속 투쟁하라!' 이런 메시지를 강하게 담은 조언입니다.
 미국의 실용주의 정신의 선각자이자 외교관, 기업가, 발명가로 명성을 누렸던 벤자민 프랭클린Benjamin Franklin도 "계속적인 성장과 진보가 없다면 개선, 성취 그리고 성공 같은 단어들은 아무런 의미가 없다"고 말합니다. 두 사람 모두 인간적인 노력을 강조하는 분들입니다.

이처럼 말씀 공부도 처음에는 의무감에서 시작됩니다. '내가 성경 공부를 해야 하겠다'는 결심에서부터 성경을 살펴보기 시작합니다. 비슷한 시기에 신앙생활을 시작했더라도 시간이 가면서 점점 간격이 벌어집니다.

어떤 분들은 조금 하다가 그만두어버리기도 합니다. 처음에는 뜨겁게 달아오르다가 점점 식어버리는 분들도 있습니다. 그런데 또 어떤 분들은 소리 소문 내지 않고 꾸준히 해나갑니다. 이들 가운데에는 마치 심한 갈증을 느끼는 것처럼 말씀에 갈급함을 느끼는 분들이 있습니다. 이들은 누가 권하지 않더라도 알아서 성경 공부에 매진합니다. 점점 그 속에서 유익함과 재미 그리고 생명의 원천을 찾게 됩니다.

사람은 무슨 일이든지 의미를 찾을 수 있을 때만이 헌신하고 몰입할 수 있습니다. 성경 공부도 마찬가지라고 생각합니다.

성경 공부와 세상일들 사이에 뚜렷한 차이가 있다면 '은혜'라는 한 단어를 들 수 있습니다. 믿음을 갖는 일이 지식이나 이성의 힘이 아니라 하나님의 은혜에 힘입어서 일어나는 것처럼 성경 공부에서도 비슷한 일이 생깁니다. 어떤 사람이 아무리 공부를 해야 하겠다고 굳게 결심하더라도 공부를 지속할 수 없는 경우가 일어나곤 합니다. 의지만으로 계속할 수 없는 것이 성경 공부입니다.

성경만 들추기 시작해도 졸음이 엄습하는 분들이 있습니다. 교회에서 설교가 시작되자마자 졸기 시작하는 분들도 있습니다. 주일마다 교회를 왔다 갔다 하는 일을 반복하지만 좀처럼 성경 공부가 재미없는 분들도 있습니다. 인간적인 노력이나 결심이 약간의 도움이 되겠지만 거듭된 노력이나 결심에도 불구하고 지속할 수 없을 때가 있습니다.

이분들은 하나님께 공부하는 은혜를 달라고 기도하는 편이 더 나을 것입니다. 은혜를 입은 사람이라면, 성경을 파고들면 들수록 점점 그 속에서 진리의 아름다움과 유익함 그리고 감동을 느끼게 됩니다.

성경 공부는 집짓기에 비유할 수 있습니다. 주일에 20~30분 정도의 짧은 설교를 듣는 것만으로는 성경 공부에 흥미를 느끼기가 쉽지 않습니다. 다른 공부와 마찬가지로 성경의 전체 구조를 파악할 수 있어야 하고, 그런 전체 구조도 아래에서 체계적인 공부가 필요합니다. 세상에 귀한 일치고 쉬운 일이 없듯이, 성경 공부도 짧은 설교에서 주어지는 달콤한 교훈만으로 말씀의 깊은 뜻과 교훈 그리고 능력을 체험하기가 무척 어려울 것입니다.

　세상 학문을 공부할 때도 전체적인 조감도를 갖지 않은 상태에서 각론에만 집중하면 점점 흥미가 떨어집니다. 공부를 해도 해도 이것인지 저것인지 자꾸 헷갈릴 때가 있습니다. 따라서 전체 조감도를 파악하면서 공부를 해나가는 것이 필요합니다. 믿음의 길에서 그런 조감도를 갖는 데 도움을 주는 분들을 만나는 일도 은혜입니다.

　여러분이 하나님의 은혜에 힘입어서 점점 성경 말씀의 오묘함을 체험할 수 있기를 간절히 기도합니다. 그 속에는 우리가 관심을 갖는 자기경영의 금은보화 이상의 것들이 가득 들어 있기 때문입니다.

05
제대로 된 말씀 공부는 미래를 준비하는 확실한 길입니다

CHRISTIAN
SELF-MANAGEMENT

"말씀 공부는 삶과 세상살이의 진수를 파악할 수 있도록 도와줍니다."

"오늘날까지 유대인을 생존시켜온 2가지 요소를 꼽으라면 하나는 물질적 자산이고 또 하나는 정신적 유산이다. 그중 한 가지만 꼽으라면 그것은 당연히 정신적 유산이 될 것이다."

저명한 랍비 조셉 텔루슈킨Joseph Telushkin이 집필한 『유대인의 상속 이야기Jewish Literacy』에 나오는 내용입니다. 여러분도 이미 짐작할 수 있겠지만, 정신이 물질보다 중요한 이유에 대해서 이분은 이런 설명을 더합니다.

"물질적 자산은 시대나 환경에 따라 쉽게 잃거나 강탈당하곤 했지만 정신적 유산은 어떠한 상황에서도 빼앗길 염려 없이 그들의 머릿속에서 빠져나가지 못하는 완전한 소유물이었다."

유대인들이 세상에서 거두는 걸출한 업적들에 주목하는 사람들은 겉으로 드러나는 성공법에 주목하는 경향이 있습니다. 그러나 그것은 올바른 방법이 아니라고 봅니다. 그들의 정신세계에 주목하는 것이야말로 그들의 성공 요인을 정확하게 찾아내는 지름길입니다. 그들의 삶은 성부 하나님에게 정확하게 주파수를 맞춘 삶입니다.

개신교나 가톨릭에는 성직자가 있습니다. 그러나 유대교에서는 성직자가 없습니다. 오로지 학자인 랍비가 있을 뿐입니다. 랍비는 공부를 많이 해서 아는 게 많기 때문에 유대인 지역 사회의 지도자 역할을 하지만 그들은 성직자가 아닙니다.

유대교에서는 종교를 지키는 일이나 종교의 교리를 설교하는 것이 목사나 신부 같은 성직자의 몫이라고 생각하지 않습니다. 성직자가 존재하지 않기 때문에 모든 사람이 종교를 지킬 의무와 책임을 공동으로 나누어 가져야 한다고 생각합니다. 성직자가 없기 때문에 유대인은 스스로 성경을 해석해야 합니다. 단지 랍비는 도움을 줄 수 있을 뿐입니다. 유대인의 지적인 힘은 이처럼 스스로 모세 오경을 공부하면서 쌓아 올린 체계적이고 조직적인 지력에서부터 나옵니다.

성경을 많이 읽거나 듣는 일도 도움이 됩니다. 하지만 성경은 혼자서 그 깊은 뜻을 이해하기가 쉽지 않습니다. 따라서 크리스천은 자신의 시간 가운데 일부를 떼어서 자신이 믿는 신앙에 대해 공부하는 시간을 가져야 합니다.

세상일이 아무리 바쁘더라도 우선순위를 매긴다면 퇴근 이후의 30분이나 1시간 정도를 투자하는 것은 결코 어려운 일이라고 생각하지 않습니다. 그것을 할 수 있는지 아닌지는 성경 공부가 자신의 인생에서 매우 중요하다고 생각하는가에 대한 판단에 달려 있습니다. 사람은 중요하지 않다고 생각하면 그곳에 시간이든 돈이든 투자하기 꺼리기 때문입니다.

성경 공부를 할 때 짧은 예화 중심의 설교를 계속 듣는 것이 도움을 줄 수 있습니다. 하지만 성경에 대해 체계적으로 이해하고 믿음의 수준을 끌어올리기 위해서는 그 이상의 노력을 더 해야 할 것입니다. 따라서 성경에 정통한 분들의 연속적인 강연 등을 들으며 차근차근 공부하는 일이 필요합니다. 이런 점에서 오늘날은 대단히 편리한 시대입니다. 신앙심이 깊고 신뢰할 만한 사람들의 조언을 구하고 싶을 때 체계적인 성경 공부를 도와주는 인물이나 사이트를 방문하는 일이 쉽기 때문입니다.

이때 성경을 사업의 대상으로 삼는 '영혼 장사꾼'에 대한 특별한 주의가 필요합니다. 어디서나 모든 것을 비즈니스의 대상으로 삼는 사람들이 있기 때문입니다. 특히 기독교는 이런 부류의 사람들이 극성을 부리기에 적합한 공간이 됩니다. 올바른 성경의 지혜는 세상살이에 더할 수 없는 길잡이가 되어줄 것입니다. 단 '올바른'이란 꾸밈말에 주의할 필요가 있습니다.

06 자신만의 성경 공부법을 체계화해야 합니다

CHRISTIAN
SELF-MANAGEMENT

"효과적으로 말씀을 배우는 방법을 찾아낼 수 있어야 합니다."

"선택할 수 있을 때는 2가지 모두 선택하라."

대학원 신분으로 회사 3개를 차렸고 마흔 살이 되기 전에 회사 8개를 더 차려 성공한 『볼드, 새로운 풍요의 시대가 온다BOLD』의 저자인 피터 디아만디스Peter Diamandis의 당찬 주장입니다. 그는 일반적인 통념과는 다른 선택을 한 점에서 무척 용감한 사람입니다. 그는 꼭 한 가지만 선택해야 한다고 고집하는 세상 사람들에 대해 이렇게 의문을 제기합니다.

"우리는 선택하라는 말을 들으면 하나만 선택해야 한다고 배웠다. 하지만 왜 꼭 그래야 하는가? 대학원 시절 내내 나는 학업을 지속하든지 회사를 차리든지 둘 중 하나만 하라는 소리를 지겹도록 들었다. 마치 둘 중 하나가 아니면 절대로 안 된다는 듯이 말이다. 나는 수긍할 수 없었다. 그럴 때마다 내 답은 '둘 다로도 모자란다'였다."

피터 디아만디스는 통념을 거슬렀고 결국 성공을 거두었습니다. 그는 《포춘》이 발표하는 '전 세계 가장 위대한 리더 50인' 중 한 명으로 선정되기도 했습니다.

크리스천들은 세상 사람들과 마찬가지로 이것과 저것 사이에 고민에 빠질 때가 있습니다. 이 가운데 하나가 성경 공부입니다. 일을 더 잘하고 성과를 더 높이는 방법을 다룬 공부는 당장 효과가 납니다. 그런데 성경 공부는 당장의 성과와는 별로 관련이 없기 때문에 바쁜 사람일수록 성경 공부에 대한 의미 부여에 성공하지 못하면 그 공부를 계속하기 힘듭니다.

현명한 사람이라면 세상 공부와 성경 공부 모두 다 선택할 수 있습니다. 성경 공부는 세상 사람들과 자신을 뚜렷이 구분시켜주는 일입니다. 또한 성경 공부는 사랑, 희락, 화평, 온유, 믿음, 절제, 부드러움, 선함, 인자함 등을 선물해줍니다.

어떻게 하면 성경 공부를 꾸준히 할 수 있을까요? 분주한 분들에게 제 경험담이 도움이 될 것입니다.

성경이 갖는 진리의 핵심을 파악하기 위해서 저는 읽기와 듣기를 병행하고 있습니다. 저의 스마트폰에는 성경을 담은 오디오 앱이 2가지 있습니다. 저는 큰 부담을 갖지 않고 자주 성경을 듣는 편입니다. 짬이 날 때마다 듣기 때문에 "바빠서 성경 공부를 할 수 없다"는 핑계를 댈 수 없습니다.

성경 공부는 세상일에 분주한 사람들에게 기분을 전환하는 데 도움을 줍니다. 또한 저의 스마트폰에는 사도행전 강해, 로마서 강해, 마태복음 강해, 기독론 강해 등과 같이 특정 주제에 대한 권위 있는 분의 강연을 담은 다양한 강연록이 담겨 있습니다. 지하철로 이동하는 길이나 열차 안에서나 글을 읽을 수 없을 때 저는 강연을 듣습니다. 특히 강연 등의 모임 차 지방을 방문할 때는 성능이 뛰어난 이어폰을 갖고 다니면서 틈만 나면 강연을 듣습니다. 이런 습관은 시간에 쫓기는 사람도 얼마든지 실천에 옮길 수 있습니다.

저는 세상의 공부를 '이 세상 공부'라고 부릅니다. 그리고 성경 공부를 '저세상 공부'라고 부릅니다. 2가지는 얼마든지 병행할 수 있습니다.

완전히 분리된 것처럼 보이는 2가지 공부는 자주 시너지를 낳습니다. '저세상 공부'를 하면서 이 세상의 일을 처리하는 지혜를 얻기도 합니다. 또한 '이 세상 공부'를 하면서도 '저세상 공부'에 도움을 받기도 합니다. 결국 모든 것은 자신이 마음먹기에 달려 있다고 봅니다.

　당장 성과가 나지 않기 때문에 성경 공부에 시간을 낭비한다는 생각이 들 수도 있습니다. 누군가 "제가 크리스천입니다"라고 고백할 수 있다면, 그에게는 성경 공부가 일상생활의 한 부분처럼 자리 잡고 있어야 합니다.

　저녁 일과를 마무리하고 난 다음에 '저세상 공부'는 특정 주제에 대한 책이나 강연 노트를 차분히 읽는 일입니다. '저세상 공부'를 할 때는 짧은 시간 동안이라도 잠시 세상일을 모두 내려놓을 수 있는 장점이 있습니다. 기분 전환이란 면에서도 큰 도움을 받을 수 있습니다. 번잡하게 살 수밖에 없는 현대인들이지만 '이 세상'과 '저세상'을 원할 때마다 오갈 수 있다는 것이 얼마나 큰 복입니까!

07
저녁 시간에는 반드시
성경을 펼치시기 바랍니다

CHRISTIAN
SELF-MANAGEMENT

"말씀 공부는 자신과 세상 사이에 범퍼를 제공합니다."

"우리의 영혼이 거룩해지는 길은 바로 '예수님을 믿으면 구원을 얻는다'는 진리를 믿는 것에서 시작된다. 예수 그리스도 안에서 거하는 것이야말로 거룩의 기준을 높이는 방법이다. 그것이 세상과 다른 구별된 모습이다."

이승현 작가가 쓴 『어설프게 아는 것이 더 무섭다』에 나오는 문장입니다. 크리스천이 되는 것은 세상과 자신을 구별하는 사람이 되는 것입니다. 어떻게 구별하는 것이 좋을까요? 무슨 대단한 방법이 있는 것은 아닙니다.

  제가 크리스천이 되고 나서 실험에 옮겨 성과를 본 방법을 여러분에게 소개드리고 싶습니다. 저는 무엇이든 크고 거창하게 시작하기보다는 작은 것이라도 일단 시작해본 다음에 효과가 있다면 그것을 뿌리 깊은 습관으로 자리 잡게 만드는 재주가 있습니다.

  여러분 가운데 드라마나 영화를 즐겨보는 분들이 있다면 한 가지를 묻고 싶습니다. "드라마나 영화를 수시로 보면서도 성경을 가까이할 수 있을까요?"

  물론 주말에 한꺼번에 모아서 드라마나 영화를 보는 일은 가능합니다. 하지만 퇴근하자마자 텔레비전 앞에서 시시콜콜한 드라마나 영화를 보는 것과 성경 공부는 함께하기가 쉽지 않습니다. 엄밀한 실증 자료가 필요하긴 합니다만, 지나친 폭행이나 오락을 담은 영상물은 성경을 가까이하는 데 큰 장애물입니다.

  하루를 시작하는 의식이 있어야 한다면 하루를 마감하는 의식도 꼭 필요합니다. 하루를 마감할 때 크리스천이라면 세상의 온갖 사건이나 파고 그리고 각종 경험들과 자신 사이를 구분하는 일을 시도해보기를 권하고 싶습니다. 이는 우리가 세상 속에서 살아가면서 구별될 수 있는 자로 자리매김할 수 있는 손쉬운 방법 가운데 하나입니다. 매일 할 수 없더라도 크게 문제될 것이 없습니다.

퇴근을 하거나 하루 일과를 마무리할 때면 여러분이 선호하는 장소에서 성경을 만나는 시간을 갖도록 권하고 싶습니다. 우리는 세상 속에서 세상의 일을 하면서 대부분의 시간을 보냅니다. 생계를 유지하고 성공하기 위해 이처럼 열심히 사는 것이 필요합니다.

여러분의 귀한 시간 가운데 저녁 시간의 일부를 뚝 떼어내서 규칙적으로 하나님을 이해하는 시간과 하나님을 체험하는 시간을 갖는 일은 어떨까요? 어떤 사람이 어떤 활동에 규칙적으로 시간을 투입하는 것은 그 활동이 중요함을 스스로 입증하는 일입니다.

누군가 내가 크리스천이라고 말할 수 있다면, 그에게는 자신의 시간 가운데 일부를 떼어서 크리스천으로 구별될 수 있는 활동을 하는 일이 필요합니다. 그것은 꼭 무엇인가 득이 되어서 하는 활동은 아니지만, 우리 자신을 되돌아보고 불쾌한 기억이 있었다면 이를 치유하고, 현재 고민하고 있는 과제들에 대해 새로운 해법을 찾고, 다시 도전할 수 있는 힘과 용기를 충전하는 데 최고의 방법입니다. 이만한 방법이 있을까 싶습니다.

저는 일과가 끝나고 나면 저녁 8시나 9시 이후에는 웬만해서 일감에 시간을 투입하지 않습니다. 침대의 한 곁에 마련된 큼직한 쿠션에 몸을 묻고 하나님에 대한 공부를 합니다. 20~30분 정도라도 그 시간이 자신을 추스르고 새로운 하루를 준비하는 멋진 방법 가운데 하나라고 생각합니다. 이처럼 작은 습관이 차곡차곡 쌓이면 나중에는 그 어떤 것으로도 대체할 수 없는, 세상과 맞설 수 있는 힘을 제공합니다.

08
묵상은 크리스천의 특권이자 강력한 무기입니다

CHRISTIAN
SELF-MANAGEMENT

"말씀에 토대를 둔 묵상은 심적인 안정감과 치유 효과가 큽니다."

"묵상은 성령께서 그 진리와 의미를 보여주실 것에 전적으로 의존하면서 성경 구절들을 깊이 생각하고 숙고하며 사색하는 훈련이다. 그리고 순종하는 마음으로 말씀을 받아들여서 그 말씀을 속사람에게 전달한다. 묵상은 마음속에서 진리를 받아들이는 것이다."(Campbell McAlpine, *The Practice of Biblical Meditation*)

묵상은 '말씀에 바탕을 두고 마음속으로 기도하기'입니다. 따라서 마음속으로 묵묵히 생각한다는 뜻을 담은 묵고默考나

묵사默思와는 구분됩니다. 흔히 말씀 묵상은 QT$_{Quite\ Time}$라고도 합니다. 우리는 묵상에 대해서 시편 한 편을 떠올리게 됩니다.

"복 있는 사람은 악인들의 꾀를 따르지 아니하며 죄인들의 길에 서지 아니하며 오만한 자들의 자리에 앉지 아니하고 오직 여호와의 율법을 즐거워하여 그 율법을 주야로 묵상하는도다".(시편 1:1~2)

모태 신앙을 가진 크리스천들은 QT에 익숙합니다. 그런데 저는 늦은 나이에 크리스천이 되었기 때문에 QT에 익숙하지 않았습니다. 또한 신앙생활을 어떻게 해야 할지에 대해 주변의 도움을 구하거나 조언을 들은 적도 없습니다.

저의 개인적 성향은 무엇을 하든지 자기주도성이 강한 쪽입니다. 혼자서 알아서 뭔가를 깨우치는 편이며 타인의 도움이나 가르침을 무작정 따르는 편이 아닙니다. 그래서 늦은 나이에 믿음을 갖게 된 분이나 믿음을 가진 지 얼마 되지 않은 분들에게 저의 개인적 체험담이 도움이 될 수 있을 것입니다.

신앙생활을 시작하자마자 성경 공부가 시작되고, 그 성경 공부는 나로 하여금 성경 말씀을 암송해야 하겠다는 강한 동기를 부여하였습니다. 50대에 무엇인가를 암기한다는 것은 참으로 어려운 일입니다. 게다가 저는 암기 능력이 떨어지는 편입니다. 학창 시절 시험을 치를 때 암기 때문에 곤란을 겪었습니다. 그런데 50대에 시험을 앞둔 것도 아니면서 성경 말씀을 외워야겠다는 굳센 결심을 하였으니 하나님의 은혜가 아니고선 무엇이라 설명하기 힘듭니다.

　학창 시절에 했던 것처럼 작은 인덱스카드에 꼭 외우고 싶은 성경 말씀을 적었습니다. 위쪽에는 한글로, 그 아래쪽에는 영어로 적고 작업대의 곳곳에 배치해두었습니다. 그리고 지갑 속에 몇 장을 넣어 다니기도 했습니다. 하지만 젊은 사람처럼 말씀을 쉽게 외울 수는 없었습니다.

　흥미로운 점은 저의 말씀 묵상이 인덱스카드에 기록된 성경 말씀을 한 번 읽고 난 다음에 눈을 감고 이를 외우는 모습으로 시작되었다는 것입니다. 그래서 성경에서 말하는 묵상의 일반적인 모습들, 예를 들어 대화로써의 묵상, 예배로써의 묵상, 기도로써의 묵상과는 관련이 없었습니다. 굳이 저의 묵상 방법에 이름을 붙이자면 '암기로서의 묵상'이라고나 할까요. 초보 중에서도 초보에 해당하는 단순한 묵상법이었습니다.

　하지만 저는 놀라운 체험을 하게 되었습니다. 성경 말씀을 암기하기 위한 묵상 중에 상한 마음이 치유되고 심적인 안정감을 갖게 된 것입니다. 힘든 일, 어려운 일, 불쾌한 일 등 어떤 것이라도 치유될 수 있다면 얼마나 대단한 일입니까! 이런 효과를 가질 수 있었던 것은 성경 말씀을 암송하는 중에 항상 그분이 함께하고 계신다는 체험을 하게 되었기 때문입니다.

성경 말씀이 반복되면서 점점 그 빈도가 늘어났습니다. "내가 여호와를 항상 내 앞에 모심이여 그가 나의 오른쪽에 계시므로 내가 흔들리지 아니하리로다".(시편 16:8) 이런 긍정적인 효과를 체험하면서 저의 성경 암송을 통한 묵상은 날개를 달게 되었습니다.

그냥 인덱스카드에 멋진 성경 말씀을 적고 자꾸 외우려고 해보시기 바랍니다. 그곳에서 신앙이 성장하는 계기 가운데 하나를 잡게 될 것입니다.

09
기도는 초기에
신앙 성장의 발판이 됩니다

CHRISTIAN
SELF-MANAGEMENT

"기도는 하나님과 인격적 교제를 맺는 강력하고 멋진 방법입니다."

"저분이 지치지 않는 이유는 무엇일까?" 제가 기도를 본격적으로 시작하고 그 효과를 체험하게 된 결정적인 질문입니다. 사람들은 저마다 특징을 갖고 있듯이 저는 호기심이 강하고 무엇이든 배우는 데 열심입니다. 제가 교회를 다니면서 주의 깊게 지켜본 것 가운데 하나는 외국의 여러 곳에 선교를 위해 다니는 한 목사님이 좀처럼 지치지 않는다는 흥미로운 사실이었습니다. 저는 그 이유를 알고 싶었고 그 과정에서 "저분에게는 에너지를 공급받는 특별한 원천이 있고 그것은 바로 매일 드리는 새벽기도"라는 결론을 얻게 되었습니다.

무엇인가를 배워도 무심코 넘겨버리거나 미적거리는 분들도 있습니다만, 저는 즉시 실천에 옮기는 성격입니다. 목사님의 에너지의 원천이 새벽기도에 있다는 발견만으로 저는 새벽기도를 시작했습니다. 저에게 새벽은 집필을 위한 천금 같은 시간이기 때문에 이 시간을 뚝 떼어내서 새벽에 규칙적으로 기도를 하는 것은 대단한 결단이었습니다. 이제 와서 되돌아보면 바로 이 사건이 그동안 살아왔던 삶의 우선순위를 재조정하는 계기였던 것 같습니다. 모든 것을 일에 초점을 맞추어서 뛰어왔던 삶에서 별도로 시간을 떼어내서 하나님과의 만남을 할 수 있음을 제 자신에게 정확하게 알린 사건이기도 합니다.

기도를 하면서도 저는 몇 가지 깨달음을 얻게 되었습니다. 하나는 기도에 일정한 틀이 없다면 '이것을 해달라' 혹은 '저것을 해달라'는 식으로 중언부언하는 기도가 될 가능성이 높다는 점입니다. 이런 기도는 하나님이 보시기에 마음에 드는 기도가 아니라 자신의 요구나 바람을 하나님께 일방적으로 통보하는 기도가 될 수 있습니다. 이런 기도는 하나님의 뜻에 부합하는 그런 기도가 아닐 것입니다.

사람마다 다양한 의견을 가질 수 있지만, 저는 세상에서 가장 훌륭한 기도의 시작은 예수님이 우리에게 가르쳐주신 '주기도문'이라 생각합니다. 우리에게 익숙하기 때문에 너무 평범하게 보일 수 있을지 모르지만, 기도의 시작으로 '주기도문'처럼 훌륭한 것이 있을까요?

새벽 이른 시간에 눈을 감고 주기도문을 외기 시작합니다. "하늘에 계신 우리 아버지여, 이름이 거룩히 여김을 받으시오며, 나라가 임하시오며, 뜻이 하늘에서 이루어진 것같이 땅에서도 이루어지이다…."

눈을 감고 기도를 시작하면 말과 글로 표현하기 힘들 정도의 특별한 체험을 늘 하게 됩니다. "너희는 먼저 그의 나라와 그의 의를 구하라"(마태복음 6:33)는 성경 말씀처럼 내 것을 구하기 이전에 하나님의 뜻을 위해 먼저 기도하는 것이 중요합니다.

친밀한 기도를 통해서 우리는 성경이 말하는 '저세상'과 '이 세상'을 동시에 바라볼 수도 있고 오갈 수도 있습니다. 제가 출석하는 교회의 담임목사님은 "우리의 기도가 항상 하늘나라의 삼층천을 올라가서 보좌의 기도를 하고 하늘 보좌를 보는 입체적 기도를 할 때 영성이 날로 넓어지고 깊어지게 된다"고 '주기도문' 설교에서 말씀하십니다.

저는 우리의 영성을 성장시키는 데 기도가 매우 중요하다고 봅니다. 기도가 깊어지면 깊어질수록 자신의 영적 세계가 점점 더 확장되고 심화되어간다는 확신을 가질 수 있기 때문입니다. 이때 암기되어 있는 성경 말씀은 매우 중요한 역할을 담당하게 됩니다. 저는 주기도문을 외고 난 다음에 마태복음 5장 '산상수훈'을 기도 중에 어김없이 포함시킵니다.

"심령이 가난한 자는 복이 있나니 천국이 그들의 것임이요 애통하는 자는 복이 있나니 그들이 위로를 받을 것임이요 온유한 자는 복이 있나니 그들이 땅을 기업으로 받을 것임이요 의에 주리고 목마른 자는 복이 있나니 그들이 배부를 것임이요".(마태복음 5:3~6)

자신의 연약함을 고백하다 보면 어느새 내 마음이 하나님의 마음에 열납悅納: 기쁘게 여기고 받아들임되고 있음을 느끼게 됩니다. 이 세상에 살면서 이런저런 어려움과 죄를 짓는 연약한 존재이지만, 이렇게 기도하는 저에게 하나님의 은혜와 긍휼이 임합니다. 마음이 청결한 사람은 하나님을 볼 수 있다는 그런 기대감을 늘 갖고 살아가게 됩니다.

이처럼 예수님이 가르쳐주신 주기도문으로 시작되어 성경 말씀과 간구로 구성되는 기도는 세상의 험한 세파를 헤쳐가는 자신에게 큰 위안이 되고 타인의 무례함에 대해서도 용서할 수 있는 힘을 제공합니다.

10
고정관념을 깰 수 있다면
수시 기도는 훌륭한 기도 방법입니다

CHRISTIAN
SELF-MANAGEMENT

"언제 어디서나 하나님을 만나는 것은 가능한 일입니다."

"여러분이 원할 때면 어디서나 하나님을 만날 수 있다면, 얼마나 대단한 일이 일어날까요?"

다른 사람은 몰라도 이런 일이 나에게도 일어날 수 있다고 생각하는 크리스천들이 많지는 않을 것입니다. 물론 이런 대단한 일이 자신에게 일어나기 위해서는 하나님의 은혜가 있어야 할 것입니다.

기도하면 우리는 어떤 장소에서 어떤 절차에 따라 행하는 것을 떠올립니다. 하지만 구약성경에서는 공공 예배를 제외하고는 기도를 어떤 특정 장소나 시간에 국한하지 않았습니다. 기도는 원하는 때에 원하는 장소에서 할 수 있는 것으로 받아들입니다. 초기 그리스도인들도 최소한 하루에 3번 규칙적으로 기도하려고 노력했습니다. 마르틴 루터Martin Luther는 친구 페터 베스켄도르프Peter Beskendorf에게 보낸 편지에서 일에 지나치게 몰입한 나머지 기도를 소홀히 하는 것에 대한 걱정을 이렇게 표현한 적이 있습니다.

"아침에 일어나서 가장 먼저 하는 것이 기도이고 저녁에 하루를 마감하면서 하는 마지막 행위도 기도인 것이 좋다네. 이 일 또는 저 일을 먼저 하고 난 후 기도하겠다고 말하는 사람들의 어리석고도 오류로 가득 찬 말에 속아 넘어가지 않도록 최선을 다하게. 이러한 생각을 가진 사람들은 기도보다는 일하는 데에 더 빠져들어 마침내 종일 그 일 속에서 지내면서 결국 기도를 전혀 하지 못하고 마네."

옛날처럼 삶이 천천히 흐르던 시절에도 규칙적으로 기도를 하는 일이 어려웠다면 오늘날은 훨씬 더 힘들 것입니다. 기도의 시간과 장소에 대한 전헌호 교수(대구가톨릭대학교 신학대학)의 「기도의 시간과 자세 그리고 효과」라는 논문에서 "하나님은 어디에나 계시기 때문에 지금 있는 곳이 어디든 상관없이 기도할 수 있지만, 어느 곳에서든지 똑같이 쉽게 집중하여 기도할 수 있는 것은 아니다. 그러므로 몸과 마음을 고요하게 가져서 쉽게 집중할 수 있는 적합한 장소를 선택하는 것이 중요하다"라고 말합니다.

저의 경험이 일반화될 수는 없겠지만 크리스천의 기도와 관련해서는 유익한 조언이 될 수 있을 것입니다. 새벽기도에 힘을 얻은 저는 기도에 대한 고정관념만 깰 수 있다면 언제 어디서든 기도하는 일은 어렵지 않을 것이라는 가설을 세운 적이 있습니다. 저는 이를 '수시 기도' 혹은 '전천후 기도'라는 명칭으로 부르고 싶습니다. 그런데 학계에서 정식으로 이런 명칭을 사용하지는 않습니다.

기도는 특정 장소나 시간에 구애받지 않고 자신이 머무는 바로 그 장소에서 주님과 대화를 나눌 수 있다면 언제 어디서든 가능하다는 그런 생각은 실현 가능할까요?

제가 찾아낸 2가지 큰 방해물은 청각과 시각을 통한 것입니다. 두 눈을 뜬 상태에서 기도할 수 있는 사람도 있겠지만, 시각은 우리가 보이는 것에 의해 좌우되도록 만듭니다. 따라서 기도를 위해서는 눈을 감는 것이 좋습니다. 마찬가지로 청각을 통해서 들어오는 각종 소음을 통제할 수 있다면 온전히 주님과 대화하는 시간을 갖는 데 도움이 될 것입니다. 눈으로 보이는 것과 귀로 들리는 것을 통제할 수 있다면 곧바로 주님과 대화하는 상태 혹은 주님과 인격적 만남을 갖는 상태에 들어갈 수 있습니다.

귀를 막고 눈을 감을 수 있다면 우리는 언제 어디서든 기도에 들어갈 수 있습니다. 저는 이런 기도를 '수시 기도'라고 이름 붙였습니다. 이런 기도는 열차 안에서, 버스 안에서, 지하철 안에서 등 어느 곳에서도 가능하다고 봅니다. 이런 기도를 우리가 몸에 완전히 익힐 수 있다면 언제 어디서나 주님과 동행하는 삶에 대한 강한 확신을 가질 수 있을 것입니다. 언제든지 그분과 대화하고 위로를 받고 응답을 받을 수 있을 것입니다.

두 눈을 뜬 상태에서 기도할 수도 있을 것입니다. 그러나 더욱 효과적인 기도에 관심을 갖는 사람이라면 청각이나 시각으로 들어오는 방해물들을 적절히 제어할 필요가 있습니다. 그래서 저는 지인들에게 "귀를 막고 두 눈을 감을 수 있다면 언제 어디서든 기도에 들어갈 수 있다"는 이야기를 들려주곤 합니다. 이제 저는 정해진 시간에 정해진 장소에서 기도하는 일은 드문 편입니다. 저의 기도는 대부분 앉거나 걷거나 서 있는 상태에서 제가 원하는 시간과 장소에서 이루어집니다. 특별히 기도에 집중해야겠다는 생각을 갖지 않더라도 눈을 감고 귀를 막고 '주기도문'으로 항상 주님을 만나는 문을 열 수 있습니다.

11
올바른 기도에는 주의해야 할 것이 있습니다

"자신에 대해 지나친 확신을 갖는 사람이라면 기도가 뿌리내리기 힘듭니다."

"성경이 가르치는 이상적인 기도는 그 주체가 기도하는 사람에 있지 않고 기도를 받으시는 하나님에게 있다. 때문에 하나님의 뜻에 그 간청이 일치하느냐가 중요하다."

돌아가신 옥한흠 목사님의 『무엇을 기도할까』에 나오는 내용입니다. '이것을 달라, 저것을 달라'고 요구하는 기도는 그 주체가 자신임을 드러내는 것입니다. 우리가 인간이기에 기도에 그런 내용이 포함되지 않을 수 없습니다. 하지만 그런 요구는 기도의 중심부가 되지 않도록 주의해야 할 것입니다. 그분의 뜻에 합당한 기도는 어떤 기도일까요?

기도의 중심에는 우리가 경배하고 찬양하는 삼위 하나님이 어떤 분이신가에 대해 깊은 묵상이 있어야 합니다. 어쩌면 우리는 삼위 하나님의 정체성에 대한 묵상만으로도 올바른 기도를 드릴 수 있습니다. 그분의 정체성을 깨닫고, 인정하고, 묵상하고, 이를 다시 자기에게 확인시키는 것은 결코 어려운 일이 아닙니다. 그렇다고 해서 쉬운 일도 아닙니다. 삼위 하나님이 창조주 하나님이시고, 그 하나님은 자존하시고, 영원하시고, 불변하심과 아울러 전능하시고, 전지하시고, 무소부재한 분이라는 것이 절대 진리로 자신의 마음 깊숙이 받아들여지기가 쉬운 일은 아니기 때문입니다. 사랑의 하나님, 은혜의 하나님, 자비의 하나님, 공의의 하나님이심을 온 힘과 마음과 뜻을 다하여 받아들일 수 있을까요?

결코 기도하는 사람이 신앙생활을 한 지 얼마나 되었는지는 크게 중요하지 않습니다. 자기에 대한 확신이 강하고, 지식이나 경험이나 세상의 성취에 대한 확신이 강한 사람은 삼위 하나님의 정체성을 입으로는 말할 수 있지만 마음으로 확신할 수가 없습니다.

기도 속에서 삼위 하나님의 정체성을 깊이 묵상하는 일은 기도하는 사람이 하나님께 영광을 드리는 방법 가운데 하나입니다. 이것이 이루어질 때 하나님은 그의 사랑하는 자녀들에게 참 행복을 은혜로 베풀어주십니다. 하나님의 정체성을 받아들이는 사람은 의식적인 노력을 하지 않더라도 기도 속에서 자신이란 존재의 정체성에 대해서도 깊이 인식하게 됩니다. 인간은 자신의 힘으로 무엇이든 이룰 수 있는 존재가 아니며, 전적으로 하나님에게 의존하지 않을 수 없는 그런 존재임을 자각하게 됩니다.

신실하게 기도하는 사람은 자신에 대해 '나는 대단한 사람'이라는 견해를 가질 수가 없습니다. '내일 일을 내가 어떻게 알겠는가'라는 인식을 갖게 됩니다. 반대로 자기주장이나 자기의가 강한 사람은 이런 견해를 가질 수가 없습니다. 삶의 기초가 얼마나 허약한지 그리고 자신이 얼마나 보잘것없는 존재인지를 깊이 인식한 사람이라면 인간의 생사화복이 하나님의 장중에 있음을 고백하지 않을 수 없습니다.

하나님의 절대주권과 자신의 절대부패와 타락을 뼛속 깊숙이 받아들이는 사람들은 기도 중에 하나님의 의를 만날 수 있을 것입니다. 내가 잘나서 내 힘으로 무엇이든 할 수 있다고 믿는 사람이라면, 굳이 기도를 통해서 그분에게 간구할 필요가 없을 것입니다.

  이런 일이 어떤 사람에게는 쉬운데 또 어떤 사람에게는 오랜 신앙생활에도 불구하고 어렵습니다. 이런 차이를 어떻게 이해해야 할까요? 노력해서 해결될 수 있는 일일까요? 노력하는 일도 필요할 것입니다. 하지만 생각하면 할수록 그것 또한 하나님의 주권 아래 있는 일이라는 생각이 들지 않을 수 없습니다. 우리가 기도를 통해서 은혜와 자비를 구하는 이유가 바로 여기에 있습니다.

12
어디서든 주님을 만날 수 있습니다

CHRISTIAN
SELF-MANAGEMENT

"단순한 활동이라면 주님을 그 속에서 만나는 일을 시도해보시기 바랍니다."

"어떤 상품의 고유 기능에 추가적으로 어떤 기능 혹은 과제를 부가해서 2가지 기능을 함께 수행하도록 해보세요. 그것에서 고객을 감동시킬 수 있는 상품이나 서비스를 발견할 수 있을 것입니다."

창조적으로 사고하는 방법 가운데 하나인 '과제 통합 기법'에 관한 설명입니다.

예를 들어 '나이키 플러스NIKE+'라는 신발을 생각해보시기 바랍니다. 신발의 고유 기능은 발을 보호하거나 뛰거나 걷는 것입니다. 그런데 나이키사는 신발에 칩을 삽입하여 거리를 측정함으로써 조깅이나 워킹을 하는 사람들이 얼마나 뛰고 걸었는지를 측정할 수 있도록 해주었습니다. 고객들에게 호평을 받았음은 물론입니다.

'다백 얼럿 엄브렐러Davek Alert Umbrella'는 겉으로는 접을 수 있는 평범한 휴대용 우산으로 보입니다. 하지만 그 안에 위치 추적 기능이 담긴 분실 제로 우산입니다. 손잡이 안에 블루투스 유닛을 넣어서 10미터 이상 떨어지면 미리 설정해둔 스마트폰에 알람이 울리도록 만들었습니다. 요즘 블루투스 기능을 갖지 않은 스마트폰이 없기 때문에 누구든지 우산을 분실하는 일을 피할 수 있습니다.

언젠가 한 분이 제가 쓴 칼럼 「새벽기도의 비결」이라는 글을 읽고 이렇게 어려움을 털어놓았습니다.

"저는 생활이 바쁘기 때문에 일상에서 기도를 생활화하는 것이 참으로 어렵습니다. 특별히 새벽기도가 주는 참 기쁨을 알면서도 게으름을 핑계로 할 수가 없습니다."

이와 비슷한 고민을 갖고 있는 분들에게 제가 한 가지 제안을 드리겠습니다. 제가 아침에 수영을 시작한 지 제법 시간이 흘렀습니다. 수영은 정해진 라인을 따라서 오가기를 반복하기 때문에 다른 운동에 비해서 사고를 방지할 수 있는 안정된 운동입니다. 하지만 정해진 라인을 따라서 계속 오가기를 반복해야 하기 때문에 쉽게 지루함을 느낄 수 있는 운동이기도 합니다.

제가 수영장에서 수영을 시작하면 제가 해야 하는 일은 수영입니다. 그런데 한 가지 엉뚱한 생각을 해보았습니다. '수영을 하면서 기도를 함께 해보면 어떨까? 2가지를 얼마든지 함께 할 수 있지 않을까?'라는 생각을 하고 실험을 해보았습니다.

얼마든지 2가지 활동이 가능했습니다. 오히려 수영만 할 때는 쉽게 지루해질 수 있지만 수영을 하면서 주님과 대화를 나눌 수 있으니 30분이든 1시간이든 시간이 가는 줄 모를 정도로 수영과 기도에 몰입할 수 있었습니다. 저의 경험에 의하면 무릎을 꿇고 하는 새벽기도와 크게 다를 바가 없었습니다.

여기서 저는 중요한 교훈을 얻었습니다. 기도란 언제 어디서든 주님을 만날 수 있는 일이라는 사실 말입니다. 꼭 운동이 아니더라도 반복적으로 할 수 있는 일이 있다면 어떤 단순한 활동을 하면서 동시에 기도를 할 수 있지 않을까요? 여기서 중요한 점은 눈을 감으면 위험해질 가능성이 조금이라도 있다면 피해야 한다는 것입니다. 예를 들어 자전거를 타면서 기도하기란 쉽지 않을 겁니다. 자전거는 전후좌우 끊임없이 주의해야 하는 활동이기 때문입니다.

  찰랑거리는 물소리를 들으면서 눈을 감았다가 뜨기를 반복하면서 주님을 만나는 즐거움은 이제 저에는 새벽기도를 대체하는 굳건한 삶의 습관 가운데 한 가지가 되었습니다.

  무엇이든 고정관념을 깰 수 있다면 우리는 얼마든지 우리 자신을 직업적으로나 영적으로 개선하고 혁신할 수 있는 방법을 찾아낼 수 있습니다.

13
짧은 기도부터
시작해보시기 바랍니다

CHRISTIAN
SELF-MANAGEMENT

"짧은 기도는 우리가 전혀 예상하지 못했던 변화를 만들어내는 방아쇠입니다."

"많은 사람이 성령이 내주하는 기도 훈련을 야심차게 시작하였지만, 중도에 포기하고 만다. 기도 훈련을 요청한 사람 중에서 약 3분의 1만 끈기 있게 기도 훈련을 지속하고 있다. 어떤 어려움이 있더라도 포기하지 말고 낙심하지 말고 인내와 끈기로 버텨야 하는 것이 기도다."

　기도를 가르치는 한 분의 글을 읽다 보면, '기도란 것이 참으로 힘든 일이구나'라는 생각을 하지 않을 수 없습니다. 공부든, 운동이든, 독서든, 기도든 모든 활동에는 공통점이 한 가지 있습니다. 너무 거창한 목표를 세우고 그것을 완벽한 수준 정도로 잘 마무리해야 하겠다고 생각하면 실제로 그렇게 하기가 힘들어진다는 것입니다. 일단 부담감을 갖게 되면 시작 자체가 어려워집니다.

무슨 일이든지 소박하게 시작하는 것은 크게 도움이 됩니다. 예를 들어 여러분이 책을 좀 많이 읽어야 하겠다고 마음먹었을 때, 거창한 계획을 세워서 '다음 주에는 무엇을 읽고 그 다음 주에는 무엇을 읽겠다'는 식으로 독서를 시작하면 실패할 가능성이 아주 높습니다. 사람은 그렇게 꽉 짜인 원대한 목표에 따라 잘 움직이는 그런 존재가 아니기 때문입니다.

지금 쓰고 있는 책도 마찬가지입니다. 어떤 글을 써야겠다는 초벌 계획은 필요하지만 처음부터 완벽한 계획을 세워서 시작할 수는 없습니다. 책쓰기 계획도 글이 진행되면서 계속 변합니다. 이런 점을 잘 아는 사람은 무슨 일이든지 '풍덩 하고 뛰어들어라!'라는 교훈을 중요하게 여깁니다. 이런 삶의 태도는 새로운 일을 시작할 때 부담감을 크게 덜어줍니다. 웬만큼 준비가 되면 그냥 시작해보면 됩니다.

기도도 마찬가지입니다. 아주 잘해야 하겠다고 생각할 필요는 없습니다. 주변에 방해가 없는 완벽한 환경과 시간을 기다릴 필요가 없습니다. 기도 잘 하는 방법에 대해서 이런저런 책을 읽을 필요가 없습니다. 크리스천들은 식사에 앞서 감사 기도를 하는 데 익숙할 것입니다. 이렇게 시작해보면 어떨까요?

여러분이 일상생활 중에서 어떤 일을 시작할 때 잠시 눈을 감고 주기도문을 외운 후에 그 일을 시작하는 방법을 사용해보시기 바랍니다. 주기도문이 아니라면 여러분에게 늘 힘을 주는 성경 말씀의 한 구절이나 두 구절을 암송하면서 두 눈을 감아보시기 바랍니다.

눈을 감는다는 것은 잠시 동안이라도 보이는 세상 혹은 '이 세상'으로부터 여러분을 단절시키는 행위라고 할 수 있습니다. 잠시 눈을 감고 짧은 기도를 드린 다음에 여러분이 하고자 하는 활동을 시작하시기 바랍니다.

이처럼 가볍게 시작되는 짧은 기도가 반복되다 보면 기도를 대하는 우리의 마음가짐이 크게 변합니다. 특별한 사람에게나 가능한 특별한 활동이 아니라 나의 일로 다가오게 됩니다. 짧은 기도를 통해서도 우리는 자신의 오른쪽에 예수님이 늘 함께하신다는 체험을 하게 됩니다. 예수님과 동행하는 삶은 우리가 세상 속에서도 늘 승리하는 크리스천으로 살아가도록 만들어줄 것입니다.

14
기도는 자신을 세상 사람과 뚜렷하게 구분시켜줍니다

CHRISTIAN
SELF-MANAGEMENT

"기도를 통해 하나님으로부터 주어지는 혜택을 온전히 누릴 수 있어야 합니다."

"내가 또 너희에게 이르노니 구하라 그러면 너희에게 주실 것이요 찾으라 그러면 찾아낼 것이요 문을 두드리라 그러면 너희에게 열릴 것이니 구하는 이마다 받을 것이요 찾는 이는 찾아낼 것이요 두드리는 이에게는 열릴 것이니라 … 너희 하늘 아버지께서 구하는 자에게 성령을 주시지 않겠느냐 하시니라".(누가복음 11:9~13)

기도는 무엇을 구해야 하는 것일까요? 크리스천들은 성령의 인도하심 없이는 신앙생활을 온전히 하기가 쉽지 않습니다. 또한 주님이 우리에게 허락하시는 권능과 그분이 주시는 은혜를 누리기가 쉽지 않습니다.

세상일에도 단계가 있고 수준이 있듯이 크리스천들도 기도의 단계가 있고 신앙생활의 단계가 있음을 알고 있어야 합니다. 우리는 세상일을 통해서도 최고의 성과를 만들어내기 위해 노력하는 것처럼 기도를 통해서도 최고에 다가서기 위해 하나님께 간절히 구해야 합니다. 무엇을 구해야 하고 구할 수 있는 것일까요?

요한복음 1장에는 물세례를 베푸는 세례 요한이 등장합니다. 그는 자신보다 뒤에 오실 예수님이 성령 세례를 베푸는 분이심을 이렇게 말합니다.

"나도 그(예수님)를 알지 못하였으나 나를 보내어 물로 세례를 베풀라 하신 그이가 나에게 말씀하시되 성령이 내려서 누구 위에든지 머무는 것을 보거든 그가 곧 성령으로 세례를 베푸는 이인 줄 알라 하셨기에".(요한복음 1:33)

여기서 우리는 2가지 표현 즉, '물세례'와 '성령 세례'에 주목해야 합니다.

물세례의 영적인 의미는 구원과 회개를 뜻합니다. 여러분과

나는 예수 그리스도를 마음으로 믿고 입으로 시인하면서 구원받은 자가 되었습니다. 바로 이런 회개와 구원이 '물세례'의 영적인 의미입니다. 구원받은 자에 대해서 예수님은 "진실로 진실로 네게 이르노니 사람이 거듭나지 아니하면 하나님의 나라를 볼 수 없느니라"(요한복음 3:3)라고 말씀하셨습니다. 우리는 구원을 통해서 하나님 나라에 들어갈 수 있는 자격을 갖게 되었습니다. 이렇게 영안이 뜨인 사람이라면 누구든지 기도를 할 수 있는 사람입니다. 모든 크리스천은 이처럼 기도를 할 수 있는 사람의 자격을 갖게 됩니다.

그런데 크리스천이라면 이 단계에만 머물러 있어서는 안 됩니다. 기도를 통해서 그다음 단계인 '성령 세례'를 구해야 합니다. 물세례를 주는 이는 세례 요한이지만 성령 세례를 주시는 분은 예수님이십니다. 예수님만이 성령 세례를 주실 수 있습니다. 성령 세례를 받은 자는 하나님 나라에 들어갈 수가 있으며, 하나님이 허락하는 권능을 행사할 수 있습니다. 하나님께서는 이들에게 은혜를 부어주십니다. 성령 세례에 대해서 예수님은 분명히 말씀하십니다.

"진실로 진실로 네게 이르노니 사람이 물과 성령으로 나지 아니하면 하나님의 나라에 들어갈 수 없느니라".(요한복음 3:5)

물세례를 통해서 구원을 얻게 된 크리스천이라면 그의 믿음이 더욱더 성장하여 성령 세례를 받을 수 있도록 해야 할 것입니다. 크리스천에게 기도가 유일한 길은 아니지만 성령 세례를 받을 수 있는 매우 중요한 길이 바로 올바른 기도입니다. 크리스천은 올바른 기도를 통해서 성령을 받을 수 있습니다.

"구하라 그리하면 너희에게 주실 것이요 찾으라 그리하면 찾아낼 것이요 문을 두드리라 그리하면 너희에게 열릴 것이니 구하는 이마다 받을 것이요 찾는 이는 찾아낼 것이요 두드리는 이에게는 열릴 것이니라".(마태복음 7:7~8)

15
기도는 성령과 함께하는 삶을 가능하게 합니다

CHRISTIAN
SELF-MANAGEMENT

"성령과 함께하는 크리스천은 능력, 은혜, 평강이 함께할 것입니다."

성경은 크리스천이라 해서 모두가 성령 세례를 받을 수 없다는 점에 대해 이야기하고 있습니다. 사도행전에 나오는 성령 세례 이야기를 함께 생각해보겠습니다.

예수님이 십자가에 못 박혀 죽으시고 죽은 지 사흘 만에 부활하셔서 40일 동안 하나님 나라의 일을 말씀하시고 승천하셨습니다. 예수님께서 하늘에 오르시기 전에 사도와 함께 모인

600명의 크리스천들에게 성령 세례를 받기 위해 기다리라고 당부하셨습니다.

"사도와 함께 모이사 그들에게 분부하여 이르시되 예루살렘을 떠나지 말고 내게서 들은 바 아버지께서 약속하신 것을 기다리라 요한은 물로 세례를 베풀었으나 너희는 몇 날이 못되어 성령으로 세례를 받으리라 하셨느니라".(사도행전 1:4~5)

그런데 오순절에 모인 600여 명 가운데 오직 120명만이 성령 세례를 받게 됩니다.

모든 크리스천에게 성령 세례가 주어지지 않는 사례는 성경의 다른 곳에서도 볼 수 있습니다. 사도 바울이 에베소를 방문하였을 때 제자들을 만나 "너희가 믿을 때에 성령을 받았느냐?"라고 묻습니다. 그러자 제자들로부터 "우리는 성령이 계심을 듣지 못하였노라"라는 답이 돌아옵니다. 그리고 사도 바울과 제자 간에 "그러면 너희가 무슨 세례를 받았느냐 대답하되 요한의 세례니라"(사도행전 19:3)라는 문답이 오갑니다. 그 후 사도 바울이 그들에게 예수 그리스도의 이름으로 세례를 베풀자 성령이 임하십니다. "바울이 그들에게 안수하매 성령이 그들에게 임하시므로 방언도 하고 예언도 하니".(사도행전 19:6)

다른 한 가지 사례는 구약에 대한 지식이 풍부하였던 알렉산드리아 출신의 유대인 아볼로란 인물에 관한 이야기입니다.

그는 언변이 좋고 성경에 능한 사람이었습니다. 그도 처음에는 물세례만 받았던 사람이었습니다.

"그가 일찍이 주의 도를 배워 열심으로 예수에 관한 것을 자세히 말하며 가르치나 요한의 세례만 알 따름이라".(사도행전 18:25)

그가 회당에서 말하는 것을 듣고 있던 브리스길라와 아굴라가 그가 알고 있는 하나님의 도가 잘못되었음을 알고, 그를 데려다가 하나님의 도를 정확하게 가르쳐줍니다. 지금도 성경 공부를 많이 하고 전문가라고 칭하는 사람 가운데도 하나님의 도를 세례 요한의 물세례로 해석하는 분들이 제법 있습니다.

크리스천들도 마찬가지입니다. 따라서 우리는 물세례와 성령 세례를 정확히 이해하고 성령 세례를 어떻게 받아야 할지 생각해야 합니다. 성령 세례를 받은 사람들은 예수님의 권능을 충분히 누릴 수 있고 세상 속에서도 승리하는 능력을 가질 수 있기 때문입니다.

어떻게 해야 할까요? 올바른 기도에 그 해답이 들어 있습니다. 기도를 통해서 우리는 예수님의 정체성에 이어서 자신의 정체성을 묵상해야 합니다. 의식적으로 노력하지 않더라도 자신이 점점 더 낮아지는 체험을 하게 되면서 심령이 가난해지고 애통한 마음을 갖게 됩니다. 이런 상태에서 우리의 속사람 속에 성령이 채워지게 됩니다. 자기주장이나 의견이 강하고 자기의가 강한 사람은 성령이 들어오기가 힘듭니다.

크리스천에게 올바른 기도가 중요한 이유는 아무리 강조해도 지나친 법이 없습니다. 성령 충만한 크리스천에게는 세상 사람들과 구별되는 뚜렷한 지향이 있습니다. 그것은 주님이 주시는 능력을 갖춘 사람이 되는 것입니다. 그들은 주님이 주시는 능력 안에서 능치 못할 것이 없는 사람으로 바뀝니다. "내게 능력 주시는 자 안에서 내가 모든 것을 할 수 있느니라".(빌립보서 4:13) 그리고 이런 분들은 예수님 안에서 은혜와 평강이 넘칩니다.

4장

자기경영의 이해와 성공 포인트

지혜를 발휘해서 투자를 전망하고
여러분의 전문 서비스를 향상시키고
**새로운 전문 서비스를
준비해야 합니다.**

01 우리 모두는 경영자입니다

CHRISTIAN
SELF-MANAGEMENT

"순간, 하루, 삶을 경영자의 시각으로 바라보면 큰 변화가 일어납니다."

"한가한 때란 존재하지 않는다네. 내 경우 일을 하지 않으면 많은 책을 읽지. 확실한 계획을 세워서 집중적으로 말이야."

경영학의 대부로 알려진 피터 드러커 Peter Drucker 교수의 『피터 드러커, 나의 이력서 My Personal』에 등장하는 문장들입니다. 노년에 그의 집을 방문한 사람이 "한가할 때는 무엇을 하며 지내세요?"라고 묻자 이렇게 대답했다고 합니다. 그의 짧은 답에서

"확실한 계획을 세워서"라는 표현에 주목합니다. 드러커 교수는 계획을 세워서 집중적으로 업무를 처리하는 데 익숙하였기 때문에 정말 많은 일을 하고 저세상으로 갔습니다. 드러커 교수는 노년에도 무료한 일이 거의 없이 살았을 것으로 추측됩니다.

그분에 비할 바는 아니지만 저 또한 살아오면서 한가하게 시간을 보냈던 기억이 별로 없습니다. 언제 어디서나 내가 해야 하는 일 혹은 도전해야 할 일을 분명히 하고 그것을 집중적으로 행하는 데 익숙한 편입니다.

한번은 최고경영자 과정에서 강연을 마무리하고 질의응답 시간이 되었습니다. 그때 한 분이 "책을 몇 권 읽은 독자인데, 선생님 책을 읽다 보면 팽팽한 긴장감을 자주 느끼게 되는데, 어떻게 그런 자세가 계속 유지될 수 있습니까?"라고 물었습니다. 질문이란 사람에게 뭔가를 생각하게 만드는 묘한 매력이 있습니다. 그 자리에서는 즉흥적으로 떠오르는 답, 즉 '생존, 변화, 성장'이란 세 단어를 중심으로 삼아 설명했습니다.

하지만 후에 찬찬히 생각해보니 그보다 더 중요한 것이 있었습니다. 제 자신이 갖고 있는 삶에 대한 인식입니다. 그것은 시간이나 열정 등과 같이 제 자신이 갖고 있는 자원을 아주 귀한 자원으로 받아들이는 태도입니다. 저는 경제학을 배우기 훨씬 이전인 청소년기부터 '내가 가진 자원을 소중하게 여겨야 하고 매우 잘 사용해야 한다'는 인식이 매우 강한 편이었습니다.

연근해 수산업을 경영했던 아버지는 높은 수준의 교육을 받지는 않았지만 항상 시간이나 물질 그리고 돈 같은 자원을 귀하게 그리고 효과적으로 사용하는 데 익숙한 분이었습니다. 어린 시절부터 일체 시간을 때우는 식의 잡기를 하지 못하도록 금하였습니다. 내가 지금도 바둑이나 장기 그리고 화투 등에 손을 대지 않는 데에는 아버지의 금기가 어느 정도 영향을 발휘하였으리라 생각합니다. 하지만 훨씬 중요한 요인은 제 자신이 갖고 있는 관점의 힘이었습니다. '내가 갖고 있는 모든 것, 이를테면 시간, 힘, 건강 등은 유한한 자원으로 귀한 것들'이라는 생각이 강하였습니다.

제가 갖고 있는 자원들을 바라보는 시각을 지금 기준으로 생각해보면 '경영management'이라는 개념과 통합니다. 유소년기부터 그런 용어를 사용하지 않았을 뿐 그런 개념을 지니고 생활했던 것은 분명합니다.

얼마 전에 연배가 10여 년 정도 위인 분과 점심을 함께한 적이 있습니다. 식사 후 목적지를 향해 함께 걸었습니다. 그때 그분은 "골프도 하지 않으시고, 어떻게 그렇게 두꺼운 책을 척척 씁니까? 참 대단하십니다"라고 칭찬의 말씀을 해주셨습니다. 저는 별 생각 없이 이렇게 말했습니다.

"세상에는 정말 똑똑한 분들이 많지 않습니까? 예전에 입시가 있던 시절에는 어떤 고교를 나오고 어떤 대학교를 나온 분들 가운데 그런 분이 많습니다. 저는 제 자신이 이것저것을 모두 하면서까지 제가 하고 있는 분야에서 어느 정도의 경쟁력을 유지하는 것이 처음부터 불가능하다는 판단을 내렸던 것 같습니다. 그래서 화력을 한 분야에 집중시켜왔습니다."

훗날 이런저런 경험들이 축적되고 나름의 시각이 정립될 즈음에 경영에 대해 나름의 정의를 이렇게 내려보았습니다.

"경영은 어떤 사람이 혹은 어떤 조직이 한정된 귀한 자원을 잘 배분해서 기대하는 성과를 만들어내기 위한 체계적인 활동이다." 또는 "경영은 개인이나 조직이 갖고 있는 한정되고 귀한 자원인 집중력이 향해야 할 방향을 제대로 설정해서 적절히 배분함으로써 기대하는 성과를 만들어내는 활동이다."

스스로 자신의 활동을 선택하고 그런 선택의 결과에 대해 책임을 진다는 점에서 '우리 모두는 경영자'입니다. 이 정의를 자신의 것으로 받아들이는 것이 필요합니다.

너무 평범한 문장이지만 이 문장 하나를 자신의 생활과 삶 전체로 어떻게 확장하는가에 따라서 삶의 성취나 질은 크게 달라질 것입니다.

02 자기경영은 필생의 과업입니다

CHRISTIAN
SELF-MANAGEMENT

"주어진 것과 스스로 경영할 수 있는 것을 뚜렷이 구분하기 바랍니다."

"왜 자기경영인가"라는 질문을 던질 때면 어김없이 떠오르는 한 문장이 있습니다.

"당신이 자신을 어떻게 경영하는가에 따라 삶에서 우리가 추구하는 귀한 것들의 양과 질이 크게 달라진다."

직업적 성취, 인간적 성취, 행복감, 자존감, 자신감 등 우리가 삶에서 추구하는 귀한 것들과 떨어지려야 떨어질 수 없는 것들이 자기경영의 성공 여부에 의해 좌우됩니다.

그렇다면 자기경영을 어떻게 이해하는 것이 좋을까요? 앞에서 언급한 경영의 정의에서 행동 주체를 명확히 하면 자기경영 Self-management에 대한 올바른 정의가 등장합니다.

"자기경영은 어떤 사람이 자신에게 주어진 다양한 자원들을 잘 배분해서 자신이 추구하는 목표를 달성하기 위해 전개하는 체계적인 활동이나 노력을 말한다."

여기서 우리는 자기경영의 3가지 주요 구성 요소들을 정확히 이해하고 있어야 합니다.

첫째, 나는 어떤 자원을 갖고 있는가? 같은 시대에 나서 같은 교육 배경을 가진 사람이라도 자신이 소유한 자원에서 크게 차이가 납니다. 세월이 가면서 점점 더 확신을 갖게 되는 것은 사람마다 특징, 장점, 단점 등이 너무 다르다는 사실입니다. 자신을 제대로 이해하는 일이 생각처럼 쉽지 않습니다. 그래서 저는 이런 우스갯소리를 자주 합니다. "남자 나이 50줄에 접어들어서 '자신이 어떤 일을 하지 않아야 하는가?' 정도를 아는 것만으로 성공한 인생이다." 자원 가운데는 물려받은 것들이 많습니다. 저마다 재능이 다르기 때문에 자신이 갖고 있는 자원을 안다는 것은 자신의 구조적인 특징을 정확히 이해하는 것을 뜻합니다.

둘째, 나는 무엇을 추구하는가? 나는 내 인생에서 무엇을 원하는가? 직업인으로서 어떤 삶을 살아가기를 원하는가? 한 인간으로서는 어떤 인간이 되기를 원하는가? 이런 삶을 위해서 내가 지금 그리고 앞으로 무엇을 해야 하는가? 자신이 추구하는 목적지를 결정하는 것도 고스란히 개인의 몫입니다. 자기경영 능력이 뛰어난 사람은 목적지를 설정함에 있어서도 자기 주도성이 매우 강합니다. 세상 사람들의 의견을 참고하지만 세상 사람들에게 휘둘리지 않습니다. 또한 그들은 세상의 유행이나 분위기 등에도 압도되지 않습니다. 세월이 흐른 다음에 "아! 내가 그냥 떠밀리듯이 살아오고 말았구나!"라는 탄성을 내지르는 분들이 꽤 있습니다. 이런 분들은 삶에 대한 후회나 회한이 많은 편입니다. 우리가 피해야 할 유형입니다.

셋째, 매일매일 목표 달성을 위해서 체계적이고 조직적인 활동을 꾸준하게 전개하고 있는가? 매일매일의 삶을 점으로 연결하면서 일관된 하나의 선을 만들듯이 살아가고 있는가? 이렇게 하지 못하면 상황이나 화급한 일들이 삶을 좌지우지하는 경우가 생깁니다. 흥미로운 것은 내가 스스로 삶을 통제할 수 있는 힘을 상실한 그 틈새를 상황이나 타인이나 조건 등이 차지해버린다는 점입니다.

우리는 자기경영의 정의와 관련해서 위의 3가지 관점을 관심 있게 봐야 할 것입니다. 물론 삶에는 의외성이란 부분이 늘 생겨납니다. 계획을 세웠다고 해서 그대로 척척 이루어지는 경우는 일어날 수 없습니다. 그럼에도 항상 계획을 세워서 뭔가를 추구하는 일은 누구에게나 긴요하다고 생각합니다.

03
자신을 제대로 아는 일은 여러분 자신의 일입니다

CHRISTIAN
SELF-MANAGEMENT

"제3의 관찰자로서 자신을 냉철하게 바라볼 수 있어야 합니다."

"올바른 곳에 당신이 발을 딛고 서 있는지를 확실히 하라. 그런 다음에 그곳에서 우뚝 서라."

에이브러햄 링컨Abraham Lincoln의 명언 가운데 제가 좋아하는 문장입니다. 엉뚱한 곳에서 시간과 에너지를 낭비하지 말라는 이야기이기도 합니다.

여러분이 어느 곳에 발을 딛고 서야 할지는 아무도 가르쳐 줄 수 없습니다. '내가 서 있어야 할 자리'를 적극적으로 찾아내야 할 사람은 바로 여러분 자신입니다. 지금 와서 돌이켜보면 그동안의 삶이 '내가 서 있어야 할 자리'를 찾아내는 여행길이었다는 생각이 들 때도 있습니다.

요즘은 금수저, 은수저, 흙수저 등과 같은 표현이 유행합니다. 불평등한 사회에 대한 불만을 담은 말입니다. 사람 사는 곳은 언제 어디서나 고쳐야 할 것들이 많습니다. 더 나은 사회를 향해 고쳐야 할 것들을 부지런히 고쳐야 합니다.

하지만 우리는 이것 못지않게 중요한 것에 주목해야 합니다. 우리의 삶은 사회적인 노력과 무관하게 구조적으로 너무 불공평하다는 점입니다. 사람들은 알 수 없는 이유로 부모에게 태중에서부터 불공평하게 재능이나 강점을 물려받습니다.

재능과 강점의 격차가 선천적으로 물려받은 것$_{nature}$인가 아니면 후천적으로 훈련을 통해서 만들어낸 것$_{nuture}$인가에 대한 논쟁이 학자들 사이에 치열하게 이어져왔습니다. 개인적인 경험과 관찰을 통해서 얻게 된 사실은 후천적인 노력을 무시할 수는 없지만, 사람은 본래 태어날 때부터 서로 다르게 태어난다는 사실입니다. 드러커 교수의 자서전을 읽다 보면 매우 인상적인 순간을 만나게 됩니다.

드러커 교수가 열네 살이 되던 1923년 11월 11일, 그가 살던 오스트리아 빈에는 '공화국의 날'을 기념하는 대규모 시가

행진이 열렸습니다. 청년단의 선두에 서서 깃발을 들고 혁명가를 부르면서 행진하던 그는 행진 도중에 큰 깨달음을 얻게 됩니다. '이곳은 내가 있을 곳이 아니다'라는 그런 깨달음이 불현듯 찾아온 것입니다. 그는 들고 있던 깃발을 누군가에게 억지로 맡기고 무리를 피해 대열을 떠나게 됩니다. 그는 『피터 드러커 자서전 Adventures of a Bystander』에서 이렇게 고백합니다.

"정치에 관해서 읽거나 쓰거나 하는 것은 좋아하지만, 내가 정치 그 자체를 원하는 것은 아니라는 사실을 깨달았던 것이다."

세상에는 행동가가 있고 관찰자가 있습니다. 행동가 역할에 더 적합한 사람이 있고 관찰자 역할에 더 적합한 사람이 있습니다. 이때 드러커 교수가 발견해낸 것은 자신이 관찰자에 더 적합한 인물이라는 점입니다. 자신의 재능과 강점을 찾아내는 계기는 이처럼 불현듯 찾아올 수도 있습니다. 이런 경우는 큰 행운을 움켜쥔 것에 비유할 수 있습니다.

대부분 사람들은 이런저런 경험을 하면서 서서히 '발견'해갑니다. 저의 경우도 이런저런 도전과 시행착오, 때로는 실패를 맛보면서 어떤 활동을 하면서 어떤 분야에서 일생을 걸어야 할지를 발견하였습니다. 행운으로 얻은 것도 있지만 대부분은 다양한 도전과 경험들에서 그리고 예리한 관찰과 일정한 행운이 합쳐지면서 재능과 강점을 찾아내었습니다. 제 연배가 되면 자신이 서 있어야 할 자리를 제대로 찾지 못한 채 떠밀리듯 살아온 분들을 만나는 일도 드물지 않습니다. 안타까운 일입니다.

  자신에게 하는 모든 일에 있어서 최대한의 집중력, 열의, 성실, 근면 등을 더해야 하는 이유는 이런 진지함과 치열함이 없다면 자신이 가진 것을 찾아낼 가능성도 그만큼 줄어들기 때문입니다. 작고 사소한 일이라 하더라도 건성건성 대충대충 처리하는 데 익숙한 사람들은 자신이 무엇을 갖고 있는지 어디에 강점이 있는지를 발견해내는 게 몹시 힘들 것입니다.

04
목적지를 제대로 선택해야 합니다

CHRISTIAN
SELF-MANAGEMENT

"누구도 어떤 인생을 살라고 강제할 수는 없으며, 전적으로 자신의 몫입니다."

'내가 정말 잘되어야 하겠다.'

이런 생각이 저의 젊은 날을 이끌었습니다. "당신에게 잘된다는 것은 무엇인가?"라고 누군가가 묻는다면, 제가 살았던 시대의 환경이나 기준을 뛰어넘어 대답하기 어렵습니다. 대학을 졸업하고 학위를 따기 위해 미국으로 간 일, 귀국해서 연구소를 만들어낸 일, 전직을 통해서 사업체를 운영한 일, 이후 개인

연구소를 세워서 자유로운 인생을 개척한 일 등 모든 것은 '내가 잘되어야 하겠다'는 한 문장에 포함되는 일이었습니다.

인생이 계획대로 척척 이루어지는 것은 아닙니다. 세월이 가면서 계획하였던 것과 전혀 다른 곳에 와 있는 자신과 만나는 분들도 많을 것입니다. 그런데도 자신이 추구해야 하는 목적지를 갖고 살아가는 삶은, 삶의 우선순위를 명확하게 하는 데 도움을 줍니다. 또 삶에서 무엇을 선택해야 할지 그리고 무엇을 하지 않아야 할지 등에 대해서 명쾌한 기준을 제공합니다.

저는 목적지가 비교적 뚜렷하였기 때문에 선택하고 집중하고 포기하는 일에 익숙한 편입니다. 젊은 날에도 그랬고 지금도 그렇습니다. 무엇을 해야 할지 그리고 무엇을 하지 말아야 할지를 아는 것은 목적지가 뚜렷하게 정리되어 있는가에 달려 있습니다.

목적지를 정교한 계획과 동의어로 보는 분들도 있습니다. 대부분은 목적지를 설정하는 일과 계획을 세우는 일이 정확하게 일치하지는 않습니다. 목적지를 정하는 일은, 인생을 도로를 따라 여행하는 일에 비유하면 거점을 정하는 것과 같습니다. 거점은 주요 목적지를 말합니다. 정하는 방법도 복잡하거나 어렵지 않습니다. 몇 가지 질문에 대해 여러분은 답을 정리해두어야 합니다. 그런데 많은 분이 목적지를 정하라고 하면

1년의 목적지, 3년 후의 목적지 등과 같이 접근합니다. 이런 방법도 가능하지만 효과적이지는 않습니다.

"여러분은 어떤 인생을 살기를 원하십니까?" 이런 질문에 대해서 여러분이 살고 싶어 하는 삶의 모습을 한두 문장 혹은 세 문장으로 정리할 수 있어야 합니다.

어떤 분은 '나는 평범한 시민으로서 편안한 삶을 살아가고 싶다'라고 적을 수도 있습니다. 바로 그것이 그분의 인생 전체를 관통하는 목적지가 됩니다. 앞에서 이야기한 바와 같이 '나는 정말 잘되어야 하겠다'고 간단한 문장으로 자신의 목적지를 정리하는 사람도 있을 것입니다. 가치 판단이 따르는 문제이기 때문에 어느 것이 더 낫다고 이야기할 수는 없을 것입니다. 이런 목적지를 정할 때면 여러분에게 한 가지 당부를 하고 싶습니다. 항상 이런 문장으로 시작해보시기 바랍니다.

'내가 이 땅 위에서 두 번 사는 것이 아니라 딱 한 번 살다가 가는데 내가 어떤 삶을 살아야 후회가 없을까?' '나에게 후회 없는 인생은 어떤 인생을 말하는가?'

여러분은 직업인으로서 어떤 삶을 원하십니까? 인생의 가장 화려한 날들은 일터에서 보내는 시간일 것입니다. 성취라는 점에서 가장 화려한 날들이라 불러도 손색이 없을 것입니다. 어떤 분야에서 어느 수준의 인물이 되겠다는 그런 당찬 포부가 바로 이 질문에 대한 답이 될 것입니다. 직업이 바뀔 수도 있기 때문에 항상 잠정적인 답이라고 생각하시면 부담을 덜고 답을 정리할 수 있을 것입니다.

그다음에 60대, 50대, 40대, 30대 등의 순서로 10년 터울로 생각해보는 일도 필요합니다. 이런 목적지들이 A4 용지 1장 정도에 뚜렷하게 정리될 수 있다면 여러분은 목적지를 정하고 살아가는 분들이라 할 수 있을 것입니다. 정확한 목적지와 방향타를 갖고 사는 분들인 셈입니다.

05
크리스천의 목적지 선정은 세상 사람들과 다릅니다

CHRISTIAN
SELF-MANAGEMENT

"크리스천의 삶의 지향점은 처음부터 뚜렷하게 주어집니다."

"인간은 자신의 의지와 상관없이 이 세상에 우연히 던져진 존재, 즉 목적 없이 던져진 존재다."

실존주의 철학자인 장 폴 사르트르Jean Paul Sartre의 주장입니다. 따라서 인간은 스스로의 선택에 따라 생의 목적을 정하고 이에 따라 자신의 삶을 만들어가야 할 책임이 있습니다. 이런 주장은 대부분의 현대인들이 갖고 있는 인간에 대한 이해이자 삶을 바라보는 시각일 것입니다.

"당신이 생각하는 대로 알아서 하게. 그게 인생이야!"

하지만 크리스천에게 삶과 삶의 목적지는 아주 다르게 다가옵니다. 신실한 크리스천은 성경 속에서 삶의 목적지에 대해 정확한 지침을 공급받습니다. 성경은 인간의 창조 목적에 대해 뚜렷한 해답을 제공합니다. 인간은 이 땅에 던져진 존재가 아니라 하나님에게 영광을 돌리기 위해 창조된 존재라는 사실입니다. 세상 사람들이 들으면 크게 놀랄 일입니다만, 성경 전체에서 이 메시지는 계속 반복됩니다.

"창조주 하나님은 자신의 영광을 위해서 모든 피조물을 창조하셨다. 창조의 목적은 창조주가 모든 피조물에게 경배, 예배, 찬양, 존귀, 영광을 받으시기 위함이다. 달리 표현하면, 피조물이 이런 행위를 할 때 하나님이 기뻐하시며, 하나님에게 이런 기쁨을 드리기 위해 피조물이 창조되었다는 것이다."(황용현, 『여자의 후손』)

인간의 창조 목적에 대한 대표적인 말씀을 구약과 신약에서 살펴보겠습니다.

"내 이름으로 불려지는 모든 자 곧 내가 내 영광을 위하여 창조한 자를 오게 하라".(이사야 43:7)

"이 백성은 내가 나를 위하여 지었나니 나를 찬송하게 하려 함이니라".(이사야 43:21)

"만물이 그에게서 창조되되 하늘과 땅에서 보이는 것들과 보이지 않는 것들과 혹은 왕권들이나 주권들이나 통치자들이나 권세들이나 만물이 다 그로 말미암고$_{by}$ 그를 위하여$_{for}$ 창조되었고".(골로새서 1:16)

"그는 만물 위에 계셔서 세세에 찬양을 받으실 하나님이시니라".(로마서 9:5)

성경은 인간을 포함한 모든 피조물의 존재 이유가 하나님께 영광 돌리기 위함이란 점을 분명히 하고 있습니다. 반면에 세상 사람들은 저마다 자신의 행복과 영광을 위하여 재산이나 권력 그리고 명예 등을 존재 이유로 설정하고 살아갑니다. 따라서 예수 그리스도를 구주로 받아들이는 사람은 단순히 입이나 마음으로 "내가 예수 그리스도를 나의 구주로 믿습니다"라는 사실을 시인하는 데 그치지 않습니다.

크리스천들은 삶을 바라보는 시각에서 혁명적인 변화를 경험하게 됩니다. 세상 사람들이 "행복하기 위해 산다"고 답한다면 이에 반해 크리스천은 "나는 하나님의 영광을 위해 산다"고 답하게 됩니다.

직업 세계에서 열심히 활동하는 것 또한 하나님께 영광 돌리기 위함이라는 주장을 받아들일 수 있으십니까? 크리스천은 이처럼 살아가야 할 목적이나 이유가 이미 성경에 의해서 제시된 사람들입니다. 이에 순종하는 삶이 바로 크리스천의 삶입니다.

   크리스천에게 인생의 궁극적인 목적지는 창조 목적에 부응하는 삶입니다. 여기서 자연스럽게 크리스천은 일상생활이나 직업 세계에서 "내가 하나님께 영광 돌리는 삶을 위해 어떻게 살아야 하는가?"라는 질문을 던지게 됩니다. 하나님께서는 여러분이 떠밀리듯 살거나 대충 사는 것을 원하지 않으실 것입니다.

06
직업적 정체성을
명확하게 해야 합니다

CHRISTIAN
SELF-MANAGEMENT

"직업인으로서의 정체성을 명확히 하는 일은 성공에 큰 역할을 합니다."

"10년 정도 물류업에서 일하면서 일을 익혔습니다. 그리고 10년 동안 전문경영자로 활동하면서 업계에 대한 이해와 사업 기회에 눈을 뜨게 되었습니다. 이제 창업한 지 15년 정도가 되었습니다."

물류업계에서 자리를 잡은 동갑 나이의 한 사장님과의 대화 중에 나온 이야기입니다. 어려운 가정 형편에 굴하지 않고 자신의 삶을 일구어낸 분들과의 대화에서는 동지애를 느낄 수 있습니다. 서로가 하는 일은 다르지만 삶의 밑바닥을 흐르는 원칙은 거의 대동소이하기 때문입니다.

이분이 밑바닥부터 시작해서 정상까지 올라간 요인은 '직업적 정체성'을 명확히 하였기 때문이라고 정리하고 싶습니다. 사원 시절부터 그는 남의 일을 한다는 생각을 하지 않았습니다. 일에서 얻는 모든 경험은 철저하게 자신의 두뇌 속에 자산으로 차곡차곡 쌓아갔습니다.

"거대한 물건을 옮기는 노하우에 관한 한 저는 손에 꼽을 정도의 전문가입니다. 제 머릿속에 전국 지도가 다 들어 있습니다. 최적거리에 가장 저렴한 비용으로 물건을 옮기는 해법이 다 들어 있습니다."

이처럼 자신의 분야에서 성공한 사람들의 직업적 정체성은 '나는 어느 회사의 과장이다, 차장이다' 등과 같은 직책이나 회사 중심으로 정리되어 있지 않습니다. 이런 분들은 어김없이 내가 '전문 서비스(공급) 회사'라는 정체성이 의식적으로든 무의식적으로든 정리되어 있습니다. 전문 서비스 회사는 'PSF Professional Service Firm'로 풀어 설명할 수 있습니다. 미국의 경영 컨설턴트인 톰 피터스 Tom Peters가 만들어낸 멋진 용어입니다. 우리가 어디서 무슨 일을 하고 있든지 우리 개개인은 모두 자신의 이름을 붙인 전문 서비스 공급 회사인 셈입니다.

위에서 소개한 사장님도 마찬가지입니다. 이분의 두뇌 속에는 계속 최적의 해법을 고객들에게 제시하는 훌륭한 '지식 공장'이 들어서 있을 것입니다. 이분은 안주하지 않고 자신의 지식 공장을 업그레이드해나가는 일을 계속하실 것입니다.

"제가 창업하고 3년 후에 국내에서 처음 물류학과가 생겼을 때 입학하여 물류관리사를 땄습니다. 그것이 저의 성장뿐만 아니라 사업의 확장에 큰 도움이 되었습니다. 고객들에게 최적의 해법을 제시하는 데 도움이 되었을 뿐만 아니라 고객들에게 실력이 있다는 이미지를 심어주었기 때문입니다."

저는 다양한 주제로 책을 쓰는 작가입니다. 100여 권을 썼는데, 사회평론, 자기계발, 서양 고전, 성경, 탈무드, 인물 평전 등으로 주제가 계속 확장되고 있는 중입니다.

저는 제 두뇌 속에서 만들어진 지식 공장이 계속 확장 작업을 하고 있다는 것을 한번도 잊어본 적이 없습니다. 세상 사람들에게 유쾌하지 않은 일일지라도 저는 완전히 다르게 생각합니다. 그런 일을 경험과 지식을 축적해나가는 과정으로 받아들이기 때문입니다.

'공병호 지식 공장'은 지금 이 순간에도 계속 성장 중입니다. 이렇게 자신의 직업적 정체성을 'OOO 전문 서비스 공급 회사'

로 받아들이는 사람에게는 지겨운 일이 있을 수 없습니다. 그 작업을 통해서 자신의 지식 공장을 확장하는 일을 하는 중이기 때문입니다. 이런 사람이 어떻게 세속적인 성공을 거두지 않을 수 있을까요? 그리고 이런 사람들은 어떻게 일을 해나가는 중에 자신에 대한 자긍심을 갖지 않을 수 있겠습니까?

 흥미로운 것은 이런 시각을 갖고 있는 사람은 일을 하든, 사람을 만나든, 아이들과 함께 생활하든 시간을 보내는 일에 나름의 독특한 시각을 갖고 있다는 점입니다. 즉 관계를 맺는다는 시각을 말합니다. 일을 할 때면 일과 일정한 관계를 맺는데, 그런 관계는 자신의 선택에 따라서 진지한 관계가 될 수 있지만 때로는 설렁설렁한 관계가 될 수도 있습니다. 진지한 관계를 가질 때만이 경험이나 학습이 지식 공장에 자신의 것으로 차곡차곡 축적될 가능성이 높아집니다. 아무리 오랫동안 어떤 관계를 갖더라도 대충대충 관계를 맺으면 시간 낭비와 크게 다를 바가 없습니다.

07
자신이 가진 경쟁력 원천을 정확히 이해해야 합니다

CHRISTIAN
SELF-MANAGEMENT

"경쟁력을 갖춘 전문 서비스를 만들어내는 책임은 개인에게 있습니다."

"세상에 공짜 점심이란 없다"라는 미국 속담이 있습니다. 이 속담은 "사돈 것도 싸야 산다"는 우리 옛말을 생각나게 합니다. 직업 세계를 관통하는 원칙은 뚜렷합니다. 당신이 거래 파트너에게 경쟁자보다 더 나은 상품이나 서비스를 제공할 수 있다면, 거래 관계를 유지할 수 있습니다. 하지만 그렇게 할 수 없다면 계약은 언제든 해지될 가능성이 높습니다. 계약의 해지는 일자리를 잃는 것을 뜻합니다.

앞에서 우리는 '전문 서비스 회사'라는 직업적 정체성에 대해 알아보았습니다. '전문 서비스 회사'의 핵심에 해당하는 '지식 공장'에서는 계속 주력 상품인 '전문 서비스PS: Professional Service'를 거래 파트너에게 제공합니다.

여러분은 조직 혹은 고객에게 전문 서비스를 제공하고 그 대가를 수입으로 벌어들이고 있을 것입니다. 여러분은 몇 가지 질문에 대해 스스로 답할 수 있어야 하고, 그 답이 더욱 완벽한 답이 될 수 있도록 부지런히 여러분의 전문 서비스를 계속 개선하고 혁신해나가야 할 것입니다.

여러분은 어떤 전문 서비스(혹은 주력 상품)를 갖고 있습니까? 이들을 꼼꼼히 하나하나 기록하면서 목록을 작성할 수 있습니까? 우리가 일하는 것은 전문 서비스를 발견하고 그것을 더욱 경쟁력 있는 것으로 만들어감을 뜻합니다. 여러분이 계속 수입을 확보하고 인간적인 삶을 누리길 원한다면, 무엇보다도 중요한 점은 여러분이 소유하고 있는 전문 서비스가 경쟁력이 있어야 한다는 것입니다. 물류 업계에 뛰어들어서 30년 이상 일해온 한 사장님은 자신의 주력 상품을 이렇게 설명합니다.

"저의 장기는 장재물(크기가 큰 물건)을 특정 지점까지 옮기는 것입니다. 어떤 노선을 선택해야 하는지가 중요한데 저는 전국의 모든 거리를 꿰차고 있습니다. 전국의 거리가 제 머릿속에 들어 있습니다."

이분의 전문 서비스는 옮기기 힘든 물건을 보자마자 어떤 코스를 선택해야 하는지, 그리고 어떻게 옮기는 것이 가장 효율적인 것인지를 제안할 수 있고 실행에 옮길 수 있는 지식과 경험입니다.

제가 갖고 있는 전문 서비스는 콘텐츠를 계속 생산하는 능력입니다. 지금 여러분이 읽고 있는 이 책도 제가 소유하고 있는 지식 공장에서 만들어지고 있습니다.

얼마 전에 저는 814쪽 분량의 『김재철 평전』이란 동원그룹 창업자의 평전을 집필하였습니다. 이 책을 준비하면서 평전 작가로서의 역량을 상당 부분 향상시킬 수 있었습니다. 이후에 이용만 전 재무부 장관님이자 장로님의 『이용만 평전』을 집필하고 계속 평전의 영역을 확장해오고 있습니다.

이렇게 저도 끊임없이 세상의 변화에 발맞추어서 그리고 제 자신의 나이에 맞추어서 새로운 전문 서비스를 개발하고 있습니다. 뿐만 아니라 기존의 전문 서비스들의 경쟁력을 높이는 일을 게을리하지 않고 있습니다.

전문 서비스를 개발하는 여러분은 5가지 점을 정확히 이해하고 있어야 합니다. 첫째, 각자 전문 서비스를 준비해야 할 책임이 있습니다. 둘째, 각자 시대와 환경 변화에 발맞추어서 전문 서비스를 개선하고 혁신해야 할 책임이 있습니다. 셋째, 이미 갖고 있는 전문 서비스 이외에 새로운 전문 서비스를 찾아내고 만들어내야 할 책임을 갖고 있습니다. 넷째, 각자 전문 서비스를 생산하는 지식 공장을 새롭게 하고 확장하는 책임을 갖고 있습니다. 다섯째, 어떤 조직이라도 개인의 전문 서비스 개발에 만족할 만한 도움을 줄 수는 없습니다. 가능성의 문을 열어줄 수 있을 뿐입니다.

궁극적으로 자신이 제공할 수 있는 전문 서비스를 만들어내는 것은 각자의 몫입니다. 특히 젊은 날에 '하드 스킬'을 준비하거나 준비하는 토대를 마련하지 못하면, 나머지 기간 동안 직업인으로 고전할 가능성이 높습니다. 여기서 하드 스킬은 쉽게 배울 수 없는 지식이나 스킬로서 고객에게 구체적인 가치를 제공할 수 있는 능력을 말합니다.

08
시대 변화를 읽고 경쟁력의 원천을 변화시켜나가야 합니다

"안주安住나 안심安心 같은 단어는 직업인의 경쟁력과 함께할 수는 없습니다."

"미국인들의 직업 가운데 45%가 향후 20년 안에 컴퓨터(인공지능 및 로봇)에 의해 자동화되어 대체될 위험에 놓여 있다."

옥스퍼드대학교의 마틴스쿨이 2013년에 펴낸 「미래 기술의 충격에 대한 프로그램」이란 보고서에 나오는 전망입니다. 이 보고서는 이런 변화가 두 단계로 일어날 것으로 내다봅니다.

"첫 단계에서는 운송, 물류, 생산직 그리고 단순관리직처럼 특별히 취약한 분야의 사람들이 컴퓨터에 의해 대체되기 시작할 것이다. 다음으로 엔지니어링 분야처럼 자동화하기 힘든 분야의 장애물 때문에 대체율이 떨어지게 될 것이다. 두 번째 단계에서는 기술적 정체는 '제2의 컴퓨터화'를 가져오게 되는데, 이는 뛰어난 인공지능의 발전에 의존하게 될 것이다. 이때부터 경영, 과학, 엔지니어링 그리고 예술 같은 분야의 알자리들이 위태롭게 될 것이다."

모든 것은 변합니다. 전문 서비스도 마찬가지입니다. 영원한 것은 있을 수 없습니다. 기업의 상품이나 서비스가 변화의 물결에 떠밀려 경쟁력을 잃어가는 것처럼 개인의 전문 서비스도 경쟁력을 상실합니다. 따라서 모든 개인은 기업의 최고경영자 CEO처럼 자신의 직업 세계에 관한 한 의사결정권자의 임무를 수행해야 합니다.

세상 변화를 읽고 자신의 전문 서비스를 어떤 방향으로 변화시켜나가야 할지를 결정해야 합니다. 이것은 기업의 CEO가 투자를 하는 것과 비슷합니다. 마치 기업들이 계속 신상품을 만들어내는 것과 같은 일을 각자가 수행해야 함을 뜻합니다.

여러분은 자신이 갖고 있는 시간과 에너지 그리고 돈을 특정 활동에 투입해야 합니다. 모든 투자가 성공할 수 없듯이 개개인의 이런 투자도 성공 가능성이 있을 뿐입니다. 자신이 열심히 준비했음에도 세상 변화를 정확하게 읽지 못하였기 때문에 무용지물이 되어버릴 수도 있습니다.

공적인 분야는 비교적 변화로부터 보호를 받지만 나머지 분야는 일종의 '경주$_{race}$'와 같습니다. 최대한의 지혜를 발휘해서 투자를 전망하고 여러분의 전문 서비스를 향상시키고 새로운 전문 서비스를 준비해야 할 것입니다.

어디에 얼마만큼 시간을 투입할 것인가를 고민하는 사람이라면 미래에 계속적으로 수요가 있는 전문 서비스를 예상할 수 있어야 합니다. 또한 컴퓨터나 새롭게 같은 업계에 진출하는 젊은 사람들에 의해 대체될 가능성이 낮은 분야를 찾아내야 합니다. 어디서 전문 서비스를 개선하고 혁신하고 창조하는 기회가 주어질지 정확히 알 수 없기 때문에 약간의 가능성이 있다고 판단하면 실험 정신을 갖고 여러 가지 활동에 도전해 보는 일도 도움이 될 것입니다.

저도 20대 말에 직업 세계에 뛰어든 이후 한시도 안심하지 않고 계속 전문 서비스를 업그레이드하고 새로운 것을 추구하는 데 분주하게 움직였습니다. 지금 와서 보면 시장과 기술과 고객이 계속 변화하는 한 이런 노력들에서 쉼표가 있을 수 없었습니다. 완전히 은퇴해서 현역을 떠나지 않는 한 여러분의 노력은 계속되어야 할 것입니다. 전문 서비스를 전망하고 개발

한다는 점에서 '우리 모두는 지적기업가'라는 진리는 영원할 것이라 봅니다.

흥미로운 것은 타인이 만들어줄 수 있는 자리에 의존했던 사람들은 내부나 외부 상황 변화에 취약하다는 점입니다. 이는 다른 사람에게 자신의 운명을 맡기는 것과 같습니다. 설령 화려하게 보이지 않을지라도 자신의 내부에 차근차근 전문 서비스를 축적한 사람은 내부나 외부의 환경 변화에 대해 자신을 보호할 수 있는 무기를 갖고 있는 셈입니다. 따라서 타인이 만들어준 자리에 지나치게 연연해할 필요는 없습니다. 언제든지 기반이 무너질 수 있기 때문입니다.

09

포인트 1(탁월함): '탁월함을 향한 전진'이어야 합니다

CHRISTIAN
SELF-MANAGEMENT

"자기경영은 미래에 대해 확신을 갖고 결단하는 데서부터 시작됩니다."

"당신의 '안전지대comfort zone'를 벗어나라. 당신이 새로운 일을 시작할 때 만일 당신이 어색함과 불편함을 기꺼이 느낀다면, 당신은 성장할 수 있다."

자기계발과 동기 부여 분야의 전문가인 브라이언 트레이시Brian Tracy의 조언입니다. 누군가 자신의 현재 위치에 만족한다면 자기경영의 작은 부분이라도 시작할 수 없습니다. 자기경영은 다소의 어색함과 불편함과 함께하기 때문입니다.

작은 변화를 시도하는 일조차 사람들에게는 쉬운 일이 아닙니다. 여러분이 퇴근 이후에 자신의 미래를 위해 공부를 시작한다고 가정해보시기 바랍니다. 그것은 텔레비전 앞에 앉아서 편안한 시간을 갖는 기회를 포기하는 것을 뜻합니다. 아무리 사소하게 보이는 일조차도 무엇인가를 포기하는 것은 유쾌한 일은 아닙니다.

20대 때부터 부지런히 자신의 앞날을 위해서 자기경영의 여러 가지 방법들을 실천해온 저에게도 자기경영은 어떤 것을 의도적으로 선택하는 것을 뜻하였습니다. 선택은 마치 동전의 양면처럼 어떤 것을 포기하는 것을 뜻합니다. 따라서 자기경영은 선택과 포기, 2가지가 동시에 이루어지는 것을 말합니다.

무엇인가를 포기한다는 것은 그것을 할 만한 가치가 있을 때 가능합니다. 사람은 눈앞의 이익 때문에 주로 행동하는 존재입니다. 그런데 사람은 가슴이 울렁거릴 때 행동하는 사람이기도 합니다. 당장 이익이 되지 않더라도 훗날 자신이 누릴 수 있는 무엇인가를 확실하게 예상할 수 있다면 얼마든지 불편함을 감내할 수 있는 존재입니다.

세상의 모든 부모의 희생과 헌신을 생각해보시기 바랍니다. 저는 이따금 아버지와 어머니 세대의 고생스러웠던 시절을 떠올려보곤 합니다. 당시에 그분들은 희생과 헌신을 당연하게 생각하였습니다. 그분들의 가슴속에는 자식들에게 더 나은 삶을 제공할 수 있다면 자신이 불편하고 고생하는 것은 아무것도 아니라고 생각하였습니다. 이것은 강력한 확신이나 믿음 그리고 가치관에 의해 뒷받침되었습니다.

젊은 날부터 지금까지의 삶을 되돌아볼 때도 한 가지가 분명히 떠오릅니다. 한 가지 생각이 늘 함께했습니다.

'더 나은 미래를 위해서 현재의 소소한 것을 상당 부분 포기하는 것은 지극히 당연하다. 여기서 한 걸음 나아가 미래의 그 무엇을 위해서 현재의 사소한 것들이 별로 중요하지 않다.'

하지만 지금은 과거에 비해 무엇인가를 희생하는 것에 대해 큰 가치를 두지 않는 시대입니다. 현재를 중시하는 현세대를 두고 어떤 분은 '나우 제너레이션Now Generation'이란 용어를 사용하기도 합니다.

한 걸음 나아가 '인생은 한 번뿐이다'를 뜻하는 'You Only Live Once'의 앞 글자를 딴 용어인 '욜로YOLO'도 심심찮게 쓰이곤 합니다. 미래를 위해 현재를 희생하기보다는 지금 당장의 기쁨을 주거나 삶의 질을 높이는 취미 생활 등에 돈을 아낌없이 쓰는 사람들을 두고 '욜로족'이라 부르기도 합니다. 근래 우리 사회의 전반적인 분위기는 '미래'보다 '현재'를 중시하는 경향으로 흐르고 있습니다.

미래를 생각할 때 가슴 울리는 한 단어는 '탁월함'일 것입니다. '내가 탁월한 삶을 살아야 하겠다' 혹은 '내가 탁월한 인재가 되어야겠다'는 결단은 자기경영을 추진하는 강력한 동력을 제공합니다.

세상 사람들이 단순히 '탁월함을 향한 전진'이라고 미래를 바라본다면, 크리스천은 훨씬 더 견고한 모습으로 자신에게 동기를 부여할 수 있습니다. '하나님께 영광 돌리는 사람을 위한 탁월함으로의 전진'입니다. 영광을 돌리기 위해서는 탁월해지는 것이 중요하기 때문입니다.

직업인으로서 탁월함은 점점 세월이 감에 따라 인간적인 탁월함까지 더해지면서 우리는 '훌륭함을 향한 전진'이라는 더 넓고 높은 목표를 가질 수 있습니다. 인간적인 탁월함도 마찬가지일 것입니다.

이것은 비용이 드는 일이 아닙니다. 인생의 어느 시점에 스스로 결단하는 것입니다. '내가 그것을 위해서 이런저런 것을 포기하겠다'고 자신에게 약속하는 것입니다. 그리고 그 약속을 지키기 위해서 최선을 다하는 겁니다. 자기경영은 이처럼 미래를 향한 결단에서부터 첫걸음을 내딛게 됩니다.

10

포인트 2(계획): 계획 세우기에 능해야 합니다

CHRISTIAN
SELF MANAGEMENT

"지금부터 언제까지 무엇을 할지 정리하는 데 익숙해져야 합니다."

"인간은 자동적이고 목표 지향적인 메커니즘을 작동시키는 하나의 정신(또는 의식)을 지니고 있다. 이 기계는 전자적인 통제 메커니즘과 유사한 기능을 하지만 인공 두뇌나 컴퓨터 또는 인간에 의해서 고안된 어떤 미사일보다도 훨씬 더 훌륭하고 복잡한 것이다."

자기계발 분야의 손꼽히는 고전 중의 고전을 집필한 성형외과 의사 맥스웰 몰츠Maxwell Maltz가 쓴 『맥스웰 몰츠 성공의 법칙

The new Psycho-Cybernetics』에 나오는 중요한 문장입니다. 우리 모두는 두뇌 속에 목표를 향해 정확하게 타격을 가할 수 있는 정밀한 유도 미사일 시스템을 갖고 있다는 주장입니다.

우리에게 주어진 과제는 유도 미사일 시스템을 잘 활용하는 일입니다. 이런 시스템을 새로 만들기 위하여 엄청난 자원을 투입할 필요는 없습니다. 여러분과 내가 해야 할 일은 이미 두뇌 속에 존재하는 신비스러운 유도 미사일 시스템을 제대로 활용하는 것입니다. 어떻게 하면 이 시스템을 활용하는 데 성공을 거둘 수 있을까요?

"우리 내부에 있는 이런 창조적인 메커니즘은 인격을 갖추고 있지 않다. 그것은 성공과 행복 또는 불행과 실패 등 우리가 설정한 삶의 목표에 따라 자동적이고 비인격적으로 작동하는 것이다. 즉 우리가 '성공 목표'를 설정하면 '성공 메커니즘'이 스스로 작동할 것이고, 만일 부정적인 목표를 설정한다면 비인격적인 '실패 메커니즘'으로 작동할 것이다. 그리고 자기 스스로를 통제하는 메커니즘처럼 분명한 목표와 대상, 작동을 가능하게 하는 과제를 부여해야 하는 것이다."

맥스웰 몰츠 박사의 조언에는 자기경영에 성공하기를 소망하는 사람들이 귀담아들어두어야 할 귀한 조언이 담겨 있습니다. 그런데 이런 조언은 필자가 오랫동안 경험을 통해 체득한 것과 일치하는 부분이 매우 많기 때문에 이론적으로나 경험적으로 충분히 검증받은 진실입니다.

두뇌 속에 성공 메커니즘을 제대로 활용하는 방법은 미사일이 날아가서 타격을 가할 수 있는 도전 과제를 부여하는 것입니다. 다르게 말하면 미사일이 요격해야 하는 목표를 정확하게 제시하는 일이 필요합니다.

우리는 흔히 삶이 복잡하다고 말합니다. 그렇습니다. 삶은 복잡합니다. 그런데 어떤 사람은 그 복잡함을 단순함으로 바꾸는 데 익숙합니다. 또한 복잡함에 복잡함을 더해서 점점 더 복잡하게 만드는 데 익숙한 사람들도 있습니다. 앞의 사람들은 자기경영법에 능숙한 사람들입니다. 뒤의 사람들은 그런 것에 별로 관심이 없는 사람들입니다.

목표가 아주 정교할 필요는 없습니다. 완벽할 필요도 없습니다. 다만 언제까지 내가 무엇을 해야 하겠다는 정도만 목표를 설정하는 것은 꽤 괜찮은 수준입니다. 그런데 흥미로운 사실은 마감 시간과 달성해야 하는 목표 수준을 머릿속에서 생각이나 단상 정도로 남겨두게 되면 도움이 되지 않는다는 점입니다. 우리가 두뇌 속의 유도 미사일 시스템에 과제를 부과하는 최상의 방법은 마감 시간과 달성해야 하는 목표를 노트 위에 차근차근 기록하는 것입니다. 기록으로 남기는 순간 미사일은 정확하게 목표를 조준하기 시작하고 이미 발사됩니다.

　마감 시간이 1년이든 한 달이든 아니면 하루이든 간에 여러분의 목표를 기록으로 남기는 것에 익숙해야 합니다. 비용이 거의 들지 않는 방법이지만 자기경영에 발군의 실력을 발휘하는 사람들이 즐겨 사용하는 방법 가운데 손에 꼽을 수 있을 만큼 효과적입니다.

11

포인트 3(미흡함): 완전함에 대한 환상을 깨야 합니다

CHRISTIAN
SELF-MANAGEMENT

"우리 모두가 완전할 수 없는 존재임을 잊지 않는다면 도움이 될 것입니다."

"내가 아이들에게 늘 하는 이야기가 있어요. '만일 중간에 그만두어버리면, 사람들은 너를 지배할 것이다. 하지만 네가 계속 정상을 향해 기어오르기도 하고 계속 전진한다면 사람들은 늘 너에게 손을 건넬 것이다. 늘 말이다.'"

1935년생인 흑인 배우 모건 프리먼Morgan Freeman의 말입니다. 그는 우리에게 친숙한 배우입니다. 복잡한 사생활 때문에 눈살을 찌푸리기도 했지만 편안한 아버지 혹은 할아버지 역을 잘 소화하는 배우입니다.

세상의 어느 아버지라도 가장 귀한 것은 아이들에게 반복적으로 들려주려는 본능을 갖고 있습니다. 모건 프리먼이 아이들에게 남긴 조언은 평범한 사람이 당차게 세상을 헤쳐나갈 때 무엇을 중요하게 여겨야 하는가에 대해 생각하게 합니다. 그는 포기하지 않고 해야 하는 일을 계속하는 것의 중요성을 강조하고 있습니다. 이렇게 강조하는 것은 작은 일이라도 계속하는 게 쉽지 않기 때문입니다.

여러분은 어떠신가요? 자기계발에 대해 일가견을 갖고 있는 저도 작은 일을 계속하는 것이 얼마나 어려운가를 뼈저리게 체험할 때가 많습니다. 이 가운데 가장 대표적인 것이 새벽 기상입니다. 저는 수십 년간 새벽에 일찍 일어나서 일하는 습관을 갖고 있습니다. 생활을 지탱하는 가장 중요한 습관 가운데 하나가 새벽 기상입니다. 그냥 새벽에 정해진 시간에 일어나는 것은 그리 복잡하지도 어렵지도 않아 보입니다. 그러나 매일 똑같은 시간에 일어나는 일은 생각처럼 쉽지 않습니다. 어떤 날은 1시간 늦게 일어나기도 하고 또 어떤 날은 30분 늦게 일어나기도 합니다.

새벽 기상이 이 정도라면 우리가 꼭 지켜야 할 일을 게으름

피우지 않고 계속하는 일이 얼마나 힘든지 짐작할 수 있습니다. 여기까지는 여러분과 저의 공통점입니다. '작고 사소한 일도 하루도 거르지 않고 정확하게 하기는 쉽지 않다.' 여기서 사람들 사이에 뚜렷한 차이가 발생합니다.

자신이 기대한 것만큼 완벽하게 하지 못하더라도 계속하는 사람이 있습니다. 이들은 자신이 꼭 지켜야 하는 것이라 하더라도 사람이 연약한 존재이기 때문에 100% 지킬 수 없음을 겸허하게 받아들입니다. 이들은 지키지 못할 때도 있지만 지키기 위해 노력하는 것만으로도 자신을 칭찬해주어야 한다고 생각하는 사람입니다.

'왜, 나는 이런 것조차 제대로 하지 못할까?'라는 자책감에 시달리는 분들은 무엇이든 조금 하다가 그만두어버리게 됩니다. 사람은 작고 사소한 일이라도 100% 완벽하게 계속하도록 만들어지지 않았기 때문입니다.

크리스천들은 인간의 죄성에 대해 다른 사람들보다 많이 생각하는 사람입니다. 이들은 자신의 힘으로 완벽하게 무엇인가를 하는 것이 불가능함을 기꺼이 인정하는 사람들입니다. 자신을 포함해서 모든 사람은 죄성으로 말미암아 잘못을 저지를 수 있는 가능성이 높기 때문입니다.

성경에서 인간의 허약함에 대해 통렬한 자기반성을 드러내는 부분으로 사도 바울의 다음과 같은 고백과 탄성이 있습니다.

"오호라 나는 곤고한 사람이로다 이 사망의 몸에서 누가 나를 건져내랴 우리 주 예수 그리스도로 말미암아 하나님께 감사하리로다 그런즉 내 자신이 마음으로는 하나님의 법을 육신으로는 죄의 법을 섬기노라".(로마서 7:24~25)

그리스도를 구주로 영접하고 27년이 지난 시점에서 한 사도 바울의 고백은 다시 한 번 인간의 연약함을 깨우쳐줍니다. 우리가 무슨 일을 하든지 간에 100% 사전에 기대한 것대로 할 수 없음을 받아들여야 합니다. 우리가 할 수 있는 것은 중간에 포기하지 않고 계속하는 것입니다. 자기경영의 성공에서 이런 마음가짐이나 태도를 갖는 일은 무척 중요합니다. 요컨대 완전할 수 있는 분은 하나님뿐이십니다. 인간은 노력하지만 결코 그렇게 될 수 없는 존재입니다.

따라서 자기경영을 실천하는 분들이라면, 이따금 계획대로 움직이지 못하는 자신을 질책하거나 낙담할 필요는 없습니다. 게으름에 굴복할 때면 잠시 쉬었다가 다시 출발한다는 생각으로 그동안 해왔던 것을 포기하지 마시고 계속하시기 바랍니다.

12

포인트 4(전략): 전략적 사고로 무장해야 합니다

CHRISTIAN
SELF-MANAGEMENT

"기대하는 목표를 달성하는 데 더 나은 방법을 계속 찾아야 합니다."

"전략은 선택하는 것에 관한 것이며, 다양한 선택들 사이에 교환에 관한 것이다."

전략경영 부문의 대가인 하버드대 마이클 포터Michael Porter 교수의 말입니다. 목표를 달성하기 위해 어떤 효과적인 방법을 선택할 것인가는 전략의 핵심 포인트입니다. 우리가 일상생활에서 알게 모르게 활용하고 있는 것이 전략입니다. 포터 교수는 전략의 또 다른 측면에 대해 "전략의 핵심은 하지 않아야 하는 것을 선택하는 것"이라고 주장합니다.

자기경영을 성공시키는 핵심에 해당하는 스킬이자 도구는 간단합니다. 전략에 바탕을 둔 사고법을 생활화하는 것입니다. "전략적 사고는 목표를 달성하기 위해서 한정된 자원을 어떤 대안에 투입할 것인지를 결정하는 사고 과정이다."

어떻게 사고해야 할까요? 여러분 가운데 자신의 분야에서 상당한 성과를 거두는 분들은 이미 전략적 사고를 생활화하고 있을 것입니다. 그 방법을 단계적으로 정리해보겠습니다.

1단계: 정해진 시간 안에 '해야 하는 일'이 무엇인지를 명확하게 정리합니다. 모든 일을 동시에 다 잘할 수는 없습니다. '해야 하는 일'과 '하지 않아야 하는 일'을 명확히 구분하고 '해야 하는 일' 가운데 우선순위를 명확히 하는 것이 전략적 사고의 첫 단추를 끼우는 일입니다. 첫 단계에 익숙하지 않은 사람들은 항상 일에 휘둘린 채 살아갈 수밖에 없기 때문에 기대하는 성과를 거두는 데도 어려움을 겪으며 스트레스를 많이 느끼므로 건강에도 좋지 않습니다.

2단계: 아웃풋산출 대비 인풋투입을 중심으로 생각하는 데 익숙합니다. '해야 하는 일'이 정해지면 그것을 이루기 위해 어떤 수단이나 도구를 사용해야 하는지를 묻고 답하는 데 익숙해야 합니다. 전략적 사고는 수단이나 도구 가운데 가장 효과적인 것을 선택하기와 관련이 있습니다. 여기서 문제 해결을 위해 노력하는 사람의 마음가짐이나 태도 그리고 가치관이 중요한 역할을 담당하게 됩니다. 더 나은 방법을 배우고 익히고 실천하려는 열의를 가진 사람과 그렇지 않은 사람 사이에 격차가 날로 커지게 됩니다.

3단계: 목표 달성 수단이나 도구 혹은 방법으로 구성되는 인풋을 찾아낼 때도 늘 새로운 생각에 익숙해야 합니다. 창의적 사고법을 적극 활용해야 합니다. 같은 일을 하더라도 틀에 박힌 수단이나 도구만 생각하는 사람들이 있습니다. 이런 사람들은 과거부터 해오던 방법, 무난한 방법, 튀지 않는 방법을 떠올리는 데 익숙합니다. 자기경영은 최고의 성과를 거두는 것을 목표로 하기 때문에 목표 달성에서 속도, 질, 양 등 다양한 면에서 혁신에 해당하는 방법들을 찾아내야 합니다. "더 효과적인 새로운 방법은 없을까?" 또는 "이게 전부인가?"라는 질문이 효과적인 해답을 찾는 데 도움을 줄 수 있습니다.

4단계: 완벽한 준비를 기다리지 않고 방법이나 도구 가운데 일부분이라도 우선적으로 실행에 옮깁니다. 이상적인 상황이나 준비가 완비될 때까지 기다리지 않고 우선적으로 실행에 옮길 수 있는 쉬운 일부터 실천해놓고 봅니다. 일단 시작이 되고 나면 임계점을 통과하는 것처럼 심리적 저항감을 쉽게 극복할 수 있습니다. 그들은 늘 한 문장을 기억합니다. "자꾸 미적거리지 말고 일단 작은 것부터 시작해봐!"

5단계: 목표 달성 수단이나 방법을 적용하는 과정에서도 '발견'에 예민하게 반응해야 합니다. 어떤 수단이나 방법을 기계적으로 적용하는 사람들은 목표 달성을 향한 과정에서도 별다른 흥미와 재미를 느끼지 못합니다. 단순히 정해진 일을 처리하고 있다는 느낌을 갖습니다. 하지만 전략적 사고에 익숙한 사람들은 더 효과적인 방법을 발견해내거나 추진 과정에서 자신의 성장과 관련된 것들을 발견해냅니다. 그들은 단순한 일이 아니라 새로운 발견과 성장을 안겨주는 프로젝트의 추진으로 받아들입니다. 또한 늘 새롭게 뭔가를 해야 하기 때문에 삶에 따분함이나 지루함이 끼어들 여지가 적습니다. 언제나 성장하고 행복한 삶의 모습을 유지하는 일이 가능해집니다.

13

포인트 5(집중): 해야 하는 일에 집중할 수 있어야 합니다

"지금 내가 해야 하는 일에 바로 집중하는 것은 습관입니다."

"주의를 할당하는 방식이 우리가 무엇을 보는지를 결정한다."
 인지과학 분야의 대가인 앤 트라이스먼Anne Treisman은 사람들이 끊임없이 '주의attention'라는 자원을 배분하는 역할을 수행하고 있음을 강조합니다.
 주의에 관한 기존 연구들을 종합하여 『포커스Focus』라는 책을 집필한 다니엘 골먼Daniel Golman은 "기존 연구들은 주의 집중이 과제 수행의 성과를 결정한다는 사실을 증명하였다"고 강조합니다. 그는 마음 근육, 특히 주의력을 사용하지 않으면 위축되고 잘 사용하면 발전하기 때문에 충분히 주의 근육을 개발할 수 있다고 말합니다.

자기경영이 무엇인가라는 점에 대해 설명하면서 자기경영은 기대하는 성과를 거두기 위해 자원을 효과적으로 배분하는 것이라고 말한 바 있습니다. 가장 미시적인 차원의 자기경영은 주의력을 배분하는 것과 밀접하게 연결되어 있습니다. 우리가 기대하는 목표를 달성하는 것은 선언에서부터 시작하지만 궁극적으로 실천 단계에서는 주의력을 할당하여 기대하는 성과를 거둘 수 있습니다. 이런 면에서 보면 성공적인 자기경영을 행하는 분들은 언제 어디서나 성공적으로 주의력을 배분하는 방법과 능력을 갖고 있습니다.

평범한 사람이 성공적인 인생을 살아가려면 주의력을 할당하는 나름의 효과적인 방법을 갖고 있어야 합니다. 주의력 할당법과 관련해서 해야 하는 것과 하지 말아야 하는 것을 체계적으로 정리해서 하나의 리스트로 작성해두면 도움이 될 것입니다. 흔히 집중에는 내적 집중inner focus, 다른 사람에 대한 집중other focus 그리고 외적 집중outer focus이 있습니다. 우선 내적 집중은 자신이 하고 있는 일이나 활동에 대해 주의력을 배분하는 것입니다. 이것은 개인이 가질 수 있는 멋진 습관 몇 가지를 갖추는 것만으로도 좋은 성과를 거둘 수 있습니다.

제가 즐겨 사용하는 3가지 방법을 여러분도 시도해보면 어떨까 합니다.

1단계: "지금 내가 집중해야 하는 일은 무엇인가?"라는 질문을 수시로 던지기 바랍니다. 무슨 일이든지 시작해야 한다면 나직한 목소리로 자신에게 물어보면 됩니다. 이런 질문들이 반복되면 두뇌는 빠르게 반응합니다. "당신이 해야 하는 일은 이런저런 것입니다"라고 답을 합니다.

2단계: 지금 '해야 하는 일'을 하나, 둘, 셋 순서로 적어보기 바랍니다. 노트에 기록할 수도 있고, 종이에 기록할 수도 있고, 이것이 여의치 않으면 마치 머릿속에 패드가 있어서 거기에 적는 것처럼 정리해볼 수도 있습니다. 1단계와 2단계가 마무리되면 여러분은 양궁에서 과녁을 향해 활시위를 쏘는 것 같은 상태에 놓여 있는 자신을 연상할 수 있을 것입니다.

3단계: 지금 해야 하는 일 가운데서 작은 조각을 하나 선택해 일단 시작해보기 바랍니다. 이것저것 손을 댈 필요 없이 작은 부분이라도 손쉽게 시작할 수 있는 것을 하면 됩니다. 거창하게 "이것이 준비되면 혹은 저것이 준비되면 본격적으로 시작하겠다"는 이야기가 일절 나오지 않도록 해야 할 것입니다. "시작이 반이다"라는 이야기는 틀린 데가 없습니다.

간단하게 보이지만, 세 단계를 수시로 활용하면 항상 자신을 어딘가에 집중시킬 수 있음을 확인하게 될 것입니다. 이런 일이 반복되면 언제 어디서든 자신이 가진 귀한 자원인 주의력을 원할 때 배치할 수 있는 사람으로 스스로를 만들어갈 수 있을 것입니다.

예를 들어, 외적 집중의 좋은 방법은 상대방과의 대화에서 내가 무엇인가를 배운다는 접근법을 사용하는 것입니다. 그리고 항상 안테나를 높이 세운 상태처럼 주변 변화를 유심히 바라보고 그것을 자신의 입장에서 재해석해보는 겁니다. 상대방의 말 가운데 메모를 남기면 좋지만, 그것이 불가능할 때는 머리에 패드가 있는 것처럼 가정하고 핵심 키워드를 정리해두는 방법도 외적 집중력을 높일 수 있는 데 도움을 줄 것입니다. 또한 외적 집중에 호기심도 중요한 역할을 합니다.

14
포인트 6(기회): 똑같은 기회는 다시 오지 않음을 기억해야 합니다

"지금 잡는 기회가 자신을 어디로 이끌지 누구도 확신할 수 없습니다."

"비관주의자는 모든 기회에서 어려움에 주목하지만, 낙관주의자는 모든 어려움에서 기회를 본다."

걸출한 정치가로 영국 수상이었던 윈스턴 처칠Winston Churchill의 말입니다. 다른 사람이 이런 말을 했다면 '그런가 보다' 하고 넘어가고 말았을 것입니다. 하지만 처칠의 인생은 곡절이 많았고 그가 걸출한 재상으로 세계사에 큰 족적을 남기리라고 예상한 사람은 없었습니다. 그는 영국군의 터키 침공 작전 실패로 오명을 덮어썼던 인물입니다. 아무도 그의 재기 가능성을 예상하지 않았습니다. 하지만 그는 끈기 있게 참아냈고 마침내 인생의 후반전에 불현듯 다가온 히틀러Adolf Hitler의 등장과 그 파급 효과를 정확하게 예측해서 인생을 역전시킨 인물입니다.

사실 삶은 계획대로 진행되지 않습니다. 우리가 계획을 세워서 이것저것을 추구하지만 우연한 기회들이 인생의 큰 방향을 틀어버리는 경우들이 일어나곤 합니다. 필자의 삶은 앞 세대에 비해 비교할 수 없을 만큼 평온하였습니다. 아직까지는 전쟁 같은 참화를 겪지 않았기 때문입니다.

그럼에도 나름의 부침이 있었습니다. 40대 중반에 완전히 다른 길로 전직하게 된 것은 우연 중 우연에 속하였습니다. 한 사람과의 만남이 공적인 삶에서 사적인 삶으로 방향 선회를 가져왔기 때문입니다. 전직이나 전업처럼 큼직한 기회를 제쳐두고라도 작은 기회를 어떻게 받아들이는가에 따라 삶의 항로가 크게 달라지는 일들이 일어나곤 합니다.

자기경영에 익숙한 사람들은 계획이란 기초 위에 삶을 구축하지만 항상 기회에 열린 자세를 갖고 있어야 합니다. 특정 기회를 잡을 수 있는가 아닌가에 따라 삶을 엄청나게 다른 경로를 만들어갈 수 있기 때문입니다. 무엇보다 중요한 것은 기회를 대하는 태도입니다. 어떤 일에 도전할 수 있는 작은 기회라도 사소하게 여기지 않아야 합니다. '어쩌면 이 기회가 나에게 또 다른 가능성의 문을 활짝 열어줄지도 모른다'는 기대감을 갖고 살아야 합니다. 그런데 이것이 말처럼 쉽지 않습니다. 사람은 관성이 있기 때문에 익숙한 방식으로 반복하는 일은 좋아하지만 새로운 일을 시도하는 데는 어색함을 느낄 때가 잦습니다. 기회를 기다리는 자세도 필요하지만 의도적으로 기회를 만들어내려고 노력하는 일도 필요합니다.

조직에 몸담고 있는 사람이라면 당장 할 수 있는 일이 있습니다. 신규 프로젝트가 주어지면 늘 자원하는 사람이 되어보는 것도 좋은 선택입니다. 일부러 자신을 불편하고 어색한 환경에 위치하도록 만들 수 있어야 합니다. 사람은 익숙하고 편한 것에서 발전의 기회를 잡기 힘듭니다. 한번도 해보지 않았고 뭔가 묵직한 부담감을 느낄 수 있는 프로젝트를 수행할 때 성장의 가능성을 한껏 높일 수 있습니다.

큰 비용이 들거나 큰 위험이 따르지 않는다면 무조건 도전해봐야 합니다. 체험을 통해서 이런 도전들이 자신에게 어떤 가능성의 문을 열어주는가를 체득한 사람은 기회를 활용하는 데 익숙합니다. 그들은 작은 기회라도 활용하기에 따라 대단한 성과로 연결된다는 사실을 알기 때문에 더더욱 기회 잡기에 열심일 것입니다. 이처럼 자신의 업역業域을 자꾸 확장해나가야 합니다. 이렇게 하다 보면 본래의 일에 기회들이 더해지면서 또 다른 새로운 기회를 낳게 됩니다. 마치 점과 점을 연결해서 선을 만들고, 선과 선이 연결되어 면이 탄생하듯이 인생도 이렇게 자꾸 해가면서 만들어가는 것입니다.

누군가 나에게 기회에 대해서 묻는다면, 저는 "제 자신의 지난 삶에서는 의도된 전략보다도 창발적 전략이 훨씬 큰 역할을 했던 것 같다"고 답하겠습니다. 창발적 전략에 대해 열린 자세를 가진 사람은 늘 흥미진진하게 삶을 바라보게 됩니다.

지금도 젊은 날과 조금도 달라지지 않은 것은 기회에 대한 저의 자세와 마음가짐입니다. 미세한 가능성의 문을 열어줄 수 있을 법한 것이라면 현재를 기준으로 크게 이익이 되지 않더라도 불편함을 무릅쓰고 기꺼이 도전하곤 합니다. 그런 부지런함이 측량할 수 없을 만큼 큰 기회를 가져다준다는 사실을 경험을 통해 확신하기 때문입니다.

15

포인트 7(심화): 깊이깊이 파고들어야 합니다

CHRISTIAN
SELF-MANAGEMENT

"물리적으로 얼마 동안 그 일을 했느냐는 아무런 의미가 없습니다."

"제가 사업을 키워온 비결은 다른 사람들과 좀 달랐습니다. 평온한 시절에 사업을 도약시킨 것이 아니라 어려운 시기를 맞을 때마다 상황을 역전시키는 신선한 발상이 튀어나왔습니다."

큰 성취를 이룬 분과의 대화 중에 그분이 털어놓은 성장의 비결입니다. 저는 그 비결 너머를 읽을 수 있었습니다. 깊이 몰입해서 자신의 문제를 파고든 덕분에 기회를 잡을 수 있었을 것입니다.

공부든 일이든 공통점이 있습니다. 주의를 집중해서 정성을 들여 하지 않으면 쌓이지 않습니다. 저는 이런 경험을 절실하게 한 적이 있습니다. 세월이 한참 흘러간 지금도 이따금 생각이 납니다. 대학원 시절 통계학을 배울 때의 일입니다. 그때는 선배들이 사용하던 기출 문제에 대한 해답이 잘 정리된 이른바 족보가 전해 내려오고 있었습니다. 늘 시간에 쫓길 수밖에 없는 학생들은 문제를 이해한 다음에 어려움이 약간이라도 생기면 으레 해답집을 참조하는 것이 관행화되어 있었습니다. 수업을 듣던 당시에는 해답집이 있어서 편하였습니다. 그러나 세월이 흐른 다음에 생각해보니 통계학 지식을 내 것으로 만드는 데는 어려움이 있었습니다. 투입 대비 산출이 낮았습니다. 그래서 이따금 그 수업이 생각나는 것 같습니다.

이외에도 그동안 겪었던 여러 가지 일 가운데서 의도적으로 혹은 별 생각 없이 대충 시간 때우듯이 했던 것들은 별로 남은 것이 없음을 깨닫습니다. 마치 바람에 날아가 버리는 민들레 홀씨처럼 여기저기 흩어져버린 시간이나 경험이었습니다. 여행도 그렇고 프로젝트를 수행하는 일도 그렇고 사람을 만나는 일도 그랬습니다.

제3의 관찰자들은 여러분이 어떤 활동을 할 때 그 활동을 얼마만큼 밀도 있게 진행하는지를 알아차릴 수 없습니다. 활동에 대한 밀도는 개인의 내밀한 경험에 속하기 때문입니다. 제3의 관찰자들은 결과물을 통해서 간접적으로 '이 사람이 이만큼 밀도 있게 일을 했구나'라고 그 정도를 추측할 뿐입니다.

그런데 일 요령이 뛰어난 사람은 이런 것까지도 유리하게 만드는 재주가 있습니다. 세월이 10년, 20년 흐르고 나면 활동에 대한 밀도가 차곡차곡 누적된 결과는 거의 거짓 없이 바깥으로 드러나게 됩니다.

제가 50줄에 접어든 후 이따금 과거에 함께 활동했던 사람들을 떠올려보곤 합니다. 설렁설렁, 대충대충 매사를 처리했던 분들은 어느 정도까지 자리는 올라갔지만 부하들의 도움을 받지 않고 혼자서 가치를 만들어내는 데 거의 능력을 갖고 있지 않음을 발견합니다. 유능하게 보이는 분들이었지만 지시나 명령 그리고 의사결정을 제외하면 스스로 가치를 창출할 수 있는 능력을 만들어내는 데 실패한 것에 주목하게 됩니다.

별로 내세울 만한 경력은 없지만 특정 분야에서 경험을 자산으로 만들어온 사람들은 나이가 들어서도 전문가로서 기량을 발휘할 수 있는 막강한 실력을 소지하게 됩니다. 깊이 겪은 모든 경험은 거의 전부가 개인에게는 자산으로 축적됩니다.

여러분이 직업인으로 살아갈 때 깊이깊이 파고들어간다는

마음가짐을 가지고 대하시기 바랍니다. 훗날 그런 태도는 백배 천배의 성과로 보답하게 될 것입니다. 여기 기웃 저기 기웃거리거나 시간을 때우듯이 겪은 모든 경험은 다 날아가 버립니다. 깊이깊이 파고들어간 사람들은 자신의 분야에서 일가를 이루게 됩니다. 그들은 현역에서 물러난 이후에도 그런 기량을 가지고 다른 영역을 개척할 수 있는 실력을 갖추게 됩니다.

5장

자기경영
실천법

말수를 줄이고,
질문을 자주 던지고,
잘 듣는 습관을 갖는 것만으로도
자신을 낮출 수 있습니다.

01
지금: 바로 지금 최선을 다해야 합니다

CHRISTIAN
SELF-MANAGEMENT

"어떤 순간이든 이 순간을 처음이자 마지막으로 생각하고 임해야 합니다."

"우리의 삶에서 같은 순간이 두 번 반복되는 법은 없습니다." 엄밀하게 이야기하면 삶의 모든 순간은 처음이면서도 마지막이라 할 수 있습니다. 물론 내일도 아침이 올 것이며 모레도 아침이 올 것입니다. 매일 맞는 아침이 겉으로 보기에 같은 아침처럼 보이지만 실상은 하나하나가 새롭고 독립적인 아침입니다. 그 아침을 대하는 사람의 마음도 다르고 그 아침을 둘러

싸고 있는 환경도 다르기 때문입니다. 사람이란 무엇에서든 나름의 의미를 부여할 수 있다면, 그 무엇을 완전히 다르게 재해석할 수 있고 재창조할 수 있습니다. 늘 아침이 반복된다고 생각하면 그 아침은 그저 그런 아침일 것입니다. 하지만 자신 앞에 주어진 아침을 다시는 돌아올 수 없는 시간으로 받아들이면 아침을 대하는 태도는 각별해지지 않을 수 없습니다.

아침만 그런 것이 아닙니다. 우리가 맞는 생의 모든 순간이 새로운 순간들입니다. 어린 시절 어선을 타고 이 섬과 저 섬으로 이동하였던 기억이 납니다. 선미에는 앞으로 달려가는 배가 만들어내는 백파白波가 이어집니다. 같은 바다이지만 달리는 배 위에서 맞는 바다는 순간순간이 다른 위치임을 확인합니다. 어느 사이엔가 가까웠던 풍경들이 먼발치에 놓이게 됩니다. 아마도 제가 삶을 통해서 모든 것은 흘러가고 흘러감 속에서 모든 게 새로운 것이라는 점을 어렴풋이 깨우치기 시작한 것은 어선 위에서부터일 것입니다.

자신을 경영해서 원하는 결실을 기대하는 사람이라면 한 가지를 기억할 필요가 있습니다. 그것은 우리가 살아가는 순간순간은 다시는 돌아올 수 없는 그런 시간의 강을 건너는 것임을 기억하는 일입니다. 누구든지 어느 순간에 '해야 하는 일' 혹은 '잘 해야 하는 일'이 있습니다. 그것을 순간순간마다 최선을 다해 행하는 것을 생활화해야 합니다.

  여러분이 하루에 1시간 남짓 출근을 해야 한다고 가정해보시기 바랍니다. 출근 시간도 남들과 달리 순간순간을 최선을 다해 활용할 수 있을 것입니다. 여러분이 일과를 마무리하고 퇴근하였을 때도 마찬가지입니다. 그냥 흘려보내버릴 수도 있지만 그 순간들을 담아서 귀한 시간으로 만들 수 있습니다.

  삶이란 순간순간의 합으로 구성됩니다. 순간순간을 평소에 어떻게 보내는가에 따라 우리의 삶의 모습들이 크게 달라집니다.

  물론 항상 최선을 다하는 일은 쉽지 않습니다. 그래도 항상 최선을 다해야 한다는 생각을 갖고 대할 수는 있을 것입니다. 여러분이 어디서 어떤 일을 하든 매 순간을 어떻게 대하는가에 대해서는 타인들이 결정권을 가지고 있지 않습니다. 바로 여러분이 주인공입니다.

  살다 보면 큰 것 한 방을 찾아서 방황하는 사람들을 만나기도 하는데, 그것은 정말 잘못된 선택입니다. 작은 것들이 차곡차곡 쌓여서 결국 큰 것이 만들어지게 됩니다. 여러분 앞의 주어진 순간의 시간들에, 해야 하는 일에 최선을 다해보시기 바랍니다. 바로 그곳에서 자기경영을 성공시키는 주춧돌이 하나하나 깔린다는 사실을 잊지 않아야 할 것입니다.

02

과제: 타깃을 명확히 해야 합니다

CHRISTIAN
SELF MANAGEMENT

"마감 시간 안에 달성해야 하는 일을 명확히 할 수 있도록 해야 합니다."

"여러분의 의식이 어떤 특징을 갖고 있는지를 알고 있어야 합니다." 어떤 사람이 무엇인가를 골똘히 생각할 때 두뇌 속에는 어떤 일이 일어날까요? 어떤 사람이 마무리해야 하는 일들이 많을 때 두뇌 속에는 어떤 일이 일어날까요? 여러분의 경험도 저의 경험과 별반 다를 바가 없을 것입니다. 생각을 하면 할수록 고민을 하면 할수록 점점 더 복잡해지는 경험입니다.

사람들의 의식은 그 자체만으로도 복잡해지는 경향을 갖고 있습니다. 두뇌를 컴퓨터에 비유하면 기본 값은 복잡함이라고 말할 수 있을 것입니다. 우리는 복잡함을 항상 단순하게 만드는 나름의 방법을 갖고 있어야 합니다. 매우 단순하지만 강력한 방법을 소개하겠습니다.

여러분이 어떤 일을 해야 할 때 항상 2가지를 명확히 하시기 바랍니다. 하나는 언제까지라는 마감 시간입니다. 또 다른 하나는 마감 시간 안에 여러분이 달성하고자 하는 목표를 구체적으로 기술하는 일입니다. 여기서 '구체적'이라는 표현은 측정할 수 있어야 하고 두루뭉술하기보다는 첫째, 둘째, 셋째 등의 순서로 명확하게 정리할 수 있어야 함을 뜻합니다. 2가지면 충분할까요? 그렇지 않습니다. 반드시 펜을 들고 노트에 기록하는 일이 필요합니다.

펜을 들고 노트 위에 머릿속에 들어 있는 소망이나 바람 그리고 계획을 정리해보면 생각이 말끔하게 정리되는 기분을 느낀 적이 있을 것입니다. 의식의 기본 값은 복잡함이고 정리의 특성은 단순함이기 때문입니다. 우리는 두뇌 속에 있는 계획이나 생각을 가능한 한 노트 위에 기록해봄으로써 복잡함을 단순화시키는 효과를 거둘 수 있습니다.

여러분이 구체적으로 목표를 정한다고 해서 마감 시간 내에 100%를 모두 달성해야 하는 것은 아닙니다. 그런 일은 드물게 일어난다는 사실을 잊지 않도록 해야 합니다. 하루, 일주일, 한 달, 1년 등의 마감 시간을 갖고, 마치 화살을 조준해서 과녁을 맞히는 궁수처럼 구체적인 과녁을 결정하고, 이를 기록으로 정리할 수 있습니다. 하루보다도 더 짧은 시간인 반나절 혹은 지금부터 1시간 내에 등과 같이 마감 시간을 얼마든지 여러분의 필요에 따라 조정할 수 있습니다. 푯대를 명확히 하는 일은 스트레스를 경감하고 자신이 삶을 통제하고 있다는 느낌이나 확신을 가져다줄 수 있습니다.

앞서 살았던 믿음의 사람들 중에도 이를 실천에 옮긴 분들이 계십니다. 사도 바울은 쉼 없이 체계적으로 전도 사역을 펼쳐서 로마 복음화의 큰 위업을 달성하였습니다. 삶의 과녁을 명확히 했던 사도 바울의 말씀은 지금도 가슴을 벅차게 합니다.

"형제들아 … 앞에 있는 것을 잡으려고 푯대를 향하여 그리스도 예수 안에서 하나님이 위에서 부르신 부름의 상을 위하여 달려가노라".(빌립보서 3:13~14)

'푯대를 향하여'라는 바울의 힘차고 아름답고 구체적이고 가슴 벅찬 표현을 여러분의 삶에 그대로 적용해보시기 바랍니다.

03
자조: 남 탓이나 핑계를 대지 않도록 해야 합니다

CHRISTIAN
SELF-MANAGEMENT

"바깥에서 원인을 찾는다면 자신이 할 수 있는 것은 거의 없습니다."

"자조Self-hep 정신을 갖고 살아갑시다!" 여기서 자조 정신은 주의를 갖고 해석해야 합니다. 세상 사람들은 자조 정신을 '내가 내 힘으로 모든 것을 할 수 있다'는 신념에 토대를 두고 받아들입니다. 저 또한 예수 그리스도를 믿기 이전에는 그런 신념을 갖고 힘차게 세상을 살아온 사람입니다. 하지만 내가 예수 그리스도를 나의 구주로 믿기 시작한 이후에 자조 정신은 "내게 능력 주시는 자 안에서 내가 모든 것을 할 수 있느니라"(빌립보서 4:13)로 변하게 됩니다. 전자가 전적으로 자신의 힘에 의지해서 모든 것을 성취해내려는 것이라면, 후자는 주님이 주시는 능력 안에서 자신이 할 수 있는 한 최선을 다하는 것을 뜻합니다. 또한 합당한 일이라면 주님이 도와주시리라는 굳센 믿음에 바탕을 두고 있습니다.

세상에는 부조리가 많습니다. 성경도 세상을 두고 "세상 신이 지배하는 곳"이라고 말하기도 합니다. 돈을 떼먹고 달아나는 사람, 뒷돈을 받고 천연덕스럽게 거짓말을 하는 사람, 말도 안 되는 짓을 하면서 놀고먹는 사람, 자신의 이익이 된다면 타인의 형편을 아무렇게나 무시해버리는 사람 등 세상은 우리가 바라는 모습과 다릅니다. 세상을 살다 보면 정말 별별 사람을 다 만나게 됩니다.

그런데 여러분과 저의 마음속에는 정의감이 자리 잡고 있습니다. 정의감은 '세상은 이러저러해야 한다'는 이상적인 모습과 함께합니다. 이상적인 모습과 다른 세상의 모습에 대해 우리는 분노할 때가 자주 있습니다. 이런 세상을 바꾸어놓기 위하여 직접 정치에 뛰어들거나 시민 사회단체 활동에 참여하는 분들도 계십니다.

만일 여러분이 평범한 시민으로서 살아간다면 세상의 부조리에 대해 어떤 자세를 유지하는 것이 좋을까요? 생업을 제쳐두고 세상을 바꾸기 위해 나설 수도 있습니다. 하지만 대부분은 투표나 기고 등을 제외하면 생업에 종사하는 선택을 하게 됩니다. 저도 젊은 날에는 세상에 뛰어들어서 세상을 바꿀 수 있다는 생각을 했던 적이 있습니다.

세상은 우리가 생각하는 것보다 천천히 더 나은 곳으로 변화해갑니다. 우리의 바람처럼 빠르게 바뀔 수는 없습니다. 세상을 구성하고 있는 사람들의 성향이나 기질에 큰 변화가 없기 때문입니다. 특히 정치권력이 기대한 대로 움직이지 않는 것에 대해 크게 분노하게 됩니다. 그런데 성경적 세계관은 악인조차도 하나님의 계획하심에 따라 그 자리에서 특정한 역할을 하고 있음을 가르쳐줍니다. 예를 들어, 북한의 김 씨 왕조 권속들의 말도 안 되는 악행도 하나님의 계획에 따라, 하나님의 손안에서 행해지는 일이라고 가르치고 있습니다.

크리스천이 선택할 수 있는 대안은 전부가 될 수 없겠지만 가능한 문제 해결책을 내부에서 찾는 일입니다. 바깥에서 원인을 찾기보다는 우선적으로 안에서 원인을 찾고 그것을 해결하기 위해 최선을 다하는 일입니다. 최악의 상황에서도 감사해야 할 일이 정말 많습니다.

04
화평: 충돌보다는 가능한 한 화평케 해야 합니다

CHRISTIAN
SELF-MANAGEMENT

"하고 싶은 이야기를 다 해버리는 것이 좋은지를 숙고하기 바랍니다."

"말이든 행동이든 가능한 한 극단적이지 않도록 주의하기 바랍니다."

혈기가 넘치고 나이가 젊은 분들에게 권하고 싶은 조언입니다. '이게 틀림없이 옳다'라는 확신이 들더라도 그 확신은 시간이 흐르고 상황이 바뀌면서 달라질 수 있습니다. 실제로 그런 일들이 자주 일어납니다. 그러므로 상사와 의견이 충돌하더라도, 다른 사람과 반대되는 의견을 갖더라도 한 번 더 생각해야 합니다. 그러면 반대 의사도 훨씬 순화된 표현으로 나타낼 수 있습니다.

뿐만 아니라 누군가를 비판하거나 비난하는 일이 있더라도 이런 당부를 자신에게 줄 수 있습니다. "그 양반이 특별한 사정이 있을지도 몰라. 아마도 내가 잘 모르는 일이 있을 거야." 상사나 지인의 선택에 대해 비판할 때 한 번 정도 되새길 만한 문장입니다.

우리는 타인의 의견이나 이익과 충돌하는 일을 피할 수 없습니다. 그런 충돌이 일어날 때 우리는 어떤 선택을 해야 하는가를 두고 기로에 서게 됩니다.

타고난 기질이 온유한 사람들이 있습니다. 이들은 크게 어려움을 겪지 않습니다. 그런데 추진력이 강하고 자기 주관이 뚜렷한 사람들은 곳곳에서 충돌 가능성을 안게 됩니다. 처세술을 다루는 실용서나 옛사람의 지혜를 담은 고전은 충돌을 목전에 두었을 때도 가능한 한 "인내하라!"고 권합니다. 그런 선택이 경험으로 미루어볼 때 훗날 후회를 줄이고 자신의 이익을 보호하는 방법이기 때문입니다. 실제 경험으로 미루어보면 '욱'하는 성격 때문에 조직 생활이나 사회생활에서 불이익을 감내해야 하는 사람들이 꽤 많습니다.

성경은 충돌 앞에 선 여러분에게 어떻게 해야 하는가를 두고 명확한 답을 제시합니다. 산상수훈은 "화평하게 하는 자는 복이 있나니 그들이 하나님의 아들이라 일컬음을 받을 것임이요"(마태복음 5:9)라고 말합니다. '하나님의 아들(휘이오스)' 단계는 크리스천의 '영적 성장의 6단계'(유아기, 어린이기, 사춘기, 청년기, 아들기, 아버지기) 가운데서 다섯 번째 단계에 속합니다. 이 단계까지 신앙이 성장한 사람은 하나님으로부터 후사 즉, 유산을 받을 자격을 갖게 됩니다. 이들이 하나님 나라를 다스릴 지도자 계급이 된다는 의미입니다.

성경은 크리스천들에게 하나님의 성품인 화평을 닮아가는 사람이 되라고 말합니다. 반대편에 있는 사탄이나 마귀는 파괴자$_{Destroyer}$ 혹은 분리자$_{Separator}$라 불립니다. 크리스천들은 무슨 일에서든 화평하도록 노력하는 사람입니다. 신실한 믿음을 가진 사람들은 점점 화평이란 성품을 소유한 존재로 변해가게 됩니다. 사실이 그렇습니다. 예수님을 닮아가면 눈에 띄게 달라지는 것이 있습니다. 크게 노력하지 않더라도 자연스럽게 정죄하는 말과 행동이 줄어들게 됩니다. 성령의 열매를 스스로 체험하게 됩니다.

"할 수 있거든 너희로서는 모든 사람과 더불어 화목$_{peace}$하라".(로마서 12:18)

"모든 사람과 더불어 화평함peace과 거룩함holiness을 따르라 이것이 없이는 아무도 주를 보지 못하리라".(히브리서 12:14)

아주 예외적인 경우가 있겠지만 가능한 한 크리스천들끼리 혹은 세상 사람들과도 화평하게 하는 사람이 되어야 합니다.

부질없는 일에 에너지를 낭비하지 않는 것도 한 가지 선택이 될 것입니다. 물론 어떤 사람에게 '부질없는 일'이 또 어떤 사람에게 '귀한 일'이 될 수 있는 것은 사실입니다. 단정적으로 그 일이 부질없는 일이라고 판단하기는 쉽지 않습니다. 세월이 흐르면서 그리고 예수의 도를 따르기 시작하면서 저는 점점 더 본질적인 활동에 집중하게 되었습니다. 예전 같으면 분노할 수 있는 일, 비판할 수 있는 일 등에 대해 가능한 한 자신의 판단을 내려놓게 됩니다. 다시 말하면 내가 굳이 개입할 필요가 없는 일에 대해서는 개입하지 않는 쪽을 선택하게 됩니다.

실용적인 측면에서 자신의 에너지를 낭비하지 않는 면도 있지만, 신앙적인 측면에서는 내가 정죄하지 않더라도 그분이 알아서 해주실 것이라는 믿음을 갖기 때문입니다. 비본질적인 활동에 대해 에너지를 투입하지 않는 일은 한편으론 노력에 힘입은 바도 크지만, 다른 한편으로는 자연스러운 변화입니다. 마음이 자연스럽게 그런 일들로부터 멀어져가는 것을 느끼게 됩니다. 시시하고 사소한 일들로 여겨지기 때문일 것입니다.

05 학습: 자신을 업그레이드시켜나가야 합니다

CHRISTIAN
SELF MANAGEMENT

"지속적인 학습으로 직업인으로서 실력을 향상시켜나가야 합니다."

"지루함은 반복에서, 유쾌함은 새로움에서 옵니다."
 자신을 새롭게 만드는 것 가운데 계속해서 배우는 것만 한 것이 있겠습니까? 계속해서 배우는 것은 한 사람이 가질 수 있는 멋진 습관 가운데 하나일 것입니다. 학습은 계속해서 자신에게 새로움과 유쾌함을 선물할 수 있을 뿐만 아니라 자신이 성장할 수 있는 기회를 제공합니다.

흥미로운 점은 사람마다 배우는 나름의 방법이 다르다는 것입니다. 어떤 사람은 남이 일하는 것을 유심히 관찰하면서 잘 배웁니다. 또 어떤 사람은 무슨 일이든지 자신이 직접 해보면서 잘 배웁니다. 이처럼 사람마다 배우는 방법, 즉 공부법 및 학습법이 다릅니다.

몇 해 전에 저는 제가 배우는 방법들을 체계화해서 『공병호의 공부법』이란 책을 펴낸 적이 있습니다. 그런 제목의 책을 펴낸 데는 나름의 이유가 있었습니다. 사람은 배우는 일을 일상의 한 부분처럼 실천에 옮기지만 실제로 자신이 어떻게 배우는가를 제3의 관찰자로서 지켜보고 이를 체계화하는 데 무심하다고 보았기 때문입니다.

자신에게 익숙한 방법에 따라 배우는 데 열심인 사람일지라도 이를 체계화하는 데 크게 신경을 쓰지 않습니다. "나는 어떻게 배우고 있는가?"라는 질문에 대해 스스로 정리한 책이라고 보시면 됩니다. 제 자신이 학습하는 방법에 대해 큰 관심을 갖고 있으며, 더 나은 방법을 갖기 위해 노력하고 있음을 보여주는 생생한 사례입니다.

여러분이 앞으로 계속 성장하는 사람이 되기를 간절히 원한다면 3가지를 반드시 여러분 것으로 만들어야 합니다. 하나는 "나는 어떻게 잘 배우는 사람인가"라는 질문에 대해 정확한 답을 갖고 있어야 한다는 것입니다. 다른 하나는 "나름의 배우는 방법들을 체계화시킬 수 있는가"라는 질문에 대한 답을 찾는 일입니다. 자신만의 학습법을 갈고닦을 뿐 아니라 체계화하도록 노력해야 합니다. 마지막은 "다른 사람들로부터 배우는 방법을 어떻게 배워야 하는가"입니다. 타인의 학습법을 벤치마킹하는 일입니다.

이 가운데 우선적으로 할 일은 자신이 배우는 방법을 노트 위에 차근차근 정리하는 것입니다. 여러 가지를 기록할 수 있는 사람도 있지만 '글쎄 그게 정리할 만큼 될까?'라는 의문을 갖는 사람도 있습니다. 그만큼 배우는 방법에 대해 무심한 분이라고 할 수 있을 것입니다. 이런 방법들에서 부족함을 느낀다는 자체로도 학습법을 체계화하는 데 큰 계기가 될 것입니다.

자신이 잘 배우는 방법만 갖고 활용하는 것으로는 충분치 않습니다. 우리는 기존의 학습하는 방법을 계속 강화하면서 동시에 새로운 방법을 배워서 자신의 학습법 목록에 포함시킬 수 있어야 합니다.

저는 책쓰기도 학습법의 하나로 받아들입니다. 배울 만큼 흥미가 있고 가치가 있지만 자신의 실력이 부족한 주제에 대해서는 책을 쓰면서 지식을 체계화하는 데 익숙한 편입니다.

예전에는 노트 위에 아이디어를 스케치하는 방법으로 강연록을 짰습니다만, 최근에는 이 방법에 덧붙여 직접 슬라이드를 짜는 방법으로 강연록을 만듭니다. 이 방법 역시 공부법에 포함시킨 최근 사례입니다. 누군가로부터 들었던 내용을 글로 옮겨보는 일이나 관찰한 것을 페이스북 등에 가벼운 글로 옮기는 것은 모두 학습법을 발전시키는 과정으로 받아들입니다. 뿐만 아니라 영화를 보고 난 다음에도 가능한 한 영화 후기를 글로 적어보는 것도 일종의 학습법에 속합니다.

실용적인 이득을 제쳐두고서라도 즐겁고 유쾌하게 사는 방법은 전천후 학습자가 되는 것입니다. 주목할 만한 점은 새로운 것을 배워가다 보면 자꾸 새로운 기회들이 자신을 찾아온다는 사실입니다.

06
겸손: 겸손이 삶 전체에 배경 음악처럼 흐르도록 해야 합니다

CHRISTIAN
SELF-MANAGEMENT

"지나칠 필요는 없지만 갖고 있는 것은 적절히 숨길 수 있어야 합니다."

"과공過恭은 비례非禮다."
 지나친 겸손이 자칫 비루하게 보일 수 있음을 경계하는 조언입니다. 지식이든 명성이든 돈이든 간에 사람이 뭔가를 갖게 되면 그것을 적당히 숨기거나 그걸 갖지 못한 사람 앞에서 겸손해지기는 쉽지 않습니다.
 그래서 나이가 꽤 든 사람이라도 권력이나 금력이라는 완장을 차고 나면, 주변 사람들의 눈이 휘둥그레질 정도로 무례한 행동을 해서 사람들을 충격에 몰아넣기도 합니다. 그래서 옛말에 "사람을 알려면 그에게 권력을 쥐어줘 봐라"라는 말이 있을 정도입니다. 오늘날은 돈이 주인이 되는 체제인 자본주의가 활짝 꽃을 피운 시대입니다. 이런 시대에는 "사람을 알려면 그에게 큰돈을 손에 쥐어주라"는 조언도 가능할 것입니다.

세월이 가면서 주변에서 많은 사람의 부침을 목격하게 됩니다. 연구하는 사람으로서 사업가들의 몰락도 지켜보게 됩니다. 봄이 오면 여름이 오고 여름이 오면 가을이 오는 게 세상살이의 이치인데, 사람들은 뭔가 자신의 뜻대로 잘된다 싶으면 그것이 영원할 것처럼 행동하기 쉽습니다. 그래서 어렵게 쌓아 올린 재산을 유지하지 못하는 일이 일어나곤 합니다. 반드시 사업가에게만 해당하는 이야기는 아니라고 봅니다.

몰락하는 사람들에게는 대개 눈을 가리는 4가지 일들이 일어나곤 합니다. 과욕, 과신, 과속 그리고 유행. 이 4가지는 특별히 성공에 다가선 사람들을 방문합니다.

어렵게 만들어낸 성취는 4가지에 의해 눈이 가려진 사람들을 몰락의 길로 이끌곤 합니다. 더욱이 뭔가를 얻는 특별한 성취를 하게 되면 자신이 특별한 사람이란 생각을 갖는 경향이 있습니다. 그리고 자신을 오늘까지 오게 한 다양한 요인이나 처음 시작하던 마음가짐을 잊어버리게 됩니다. 그리고 주변에는 온갖 사람이 들끓기 시작해서 "정말 잘합니다. 정말 잘합니다!"라고 부추기는 예스맨들로 득실거리게 됩니다. 그런 상황에 놓이면 오랫동안 가까이했던 옛 친구들의 귀한 충고도 좀처럼 귀에 들어오지 않게 됩니다.

우리는 겸손함을 유지하는 인간적인 방법뿐만 아니라 성경적 지혜에 귀를 기울여야 합니다. 인간적인 방법 한 가지를 들자면 늘 새로운 정보를 입수하면 글로 적어보는 습관을 갖는 것입니다. 기록하는 습관은 자신을 낮은 곳으로 이끌 수 있습니다. 여기에다 누구를 만나든지 그 사람으로부터 배운다는 자세로 묻고 경청하기를 즐기고 또한 습득한 정보로부터 얻을 수 있는 지식이나 교훈을 생각하거나 기록해보는 것도 도움이 될 것입니다. 말수를 줄이고, 질문을 자주 던지고, 잘 듣는 습관을 갖는 것만으로도 자신을 크게 낮출 수 있습니다.

성경은 교만에 대한 특별한 경계와 지혜를 반복적으로 가르쳐줍니다. "교만은 멸망의 선봉이요 겸손은 존귀의 길잡이니라".(잠언 18:12)

인간적인 겸손은 자칫 가식으로 흐를 수 있지만 크리스천들은 하나님 앞에서 겸손해야 하는 사람이 되어야 함을 잘 알고 있습니다. "주님께서 내 목숨을 거두어가시면 지금 이 순간에 당장 이 세상을 떠나야 하는 존재입니다"라는 고백을 끊임없이 할 수 있는 사람이라면 어떻게 사람 앞에서 교만할 수 있겠습니까! 하나님 앞에서 겸손할 수밖에 없는 사람은 자연스럽게 인간 앞에서 겸손하게 됩니다.

인간적인 겸손은 노력을 통해서 얻어질 수 있기 때문에 가식假飾으로 흐를 가능성도 없지 않습니다. 하지만 신실한 크리스천은 자신이 이 땅 위에서 만들어낸 것들이 하룻밤 사이에 없어질 수 있음을 받아들입니다. 그리고 자신의 생사화복이 그분의 손안에 있음도 잘 알고 있습니다. 신실한 크리스천이 겸손의 덕목을 유지하지 않을 수 없는 이유들입니다.

진실한 크리스천이 되면 누릴 수 있는 성령의 9가지 열매 중에는 겸손이 한 자리를 차지합니다. 그가 누구든 예수를 제대로 믿는 사람들의 길에 들어서면 스스로 자신이 낮아지는 사람이 되어감을 체험하게 됩니다.

07

열정: 에너지의 흐름이 원활하도록 해야 합니다

CHRISTIAN
SELF-MANAGEMENT

"계속 전진할 수 있는 힘을 충전하는 방법을 갖고 있어야 합니다."

"어떻게 해야 울적함이나 의기소침함으로부터 벗어날 수 있을까? 만병통치약은 없다. 기분에 대한 이해를 더 넓히고, 우울한 기분이 더 깊고 길어지기 전에 이를 막는 도구에 대한 인식도 제고해야 한다."

영국 출생의 소설가로 20대 초반에 심각한 우울증을 겪다가 글쓰기로 재기하는 데 성공한 매트 헤이그Matt Haig의 『살아야 할 이유Reasons to Stay Alive』라는 책에 나오는 문장입니다. 장기화

된 우울 상태에서 벗어난 그는 구체적인 방법을 제시합니다.

"이런 도구(우울을 극복하는 방법)에는 사고방식, 주변의 사건들, 인간관계 등 몸의 컨디션을 바꾸는 것(운동, 약 또는 식이 요법을 통해) 등이 포함된다."

자신을 바라보는 한 가지 시각은 '사람은 에너지의 덩어리'라는 것입니다. 이때 에너지는 플러스 방향으로 향할 수 있지만 때로는 마이너스 방향으로 달려갈 수도 있습니다. 자신을 성장시키길 원하는 사람이라면 가능한 자신 속의 에너지 흐름이 플러스 방향으로 향하도록 만들면서 동시에 마이너스 방향으로 향하는 것을 예방할 필요가 있습니다. 우선은 사람마다 기질이 다르고 원하는 방법이 다르기 때문에 "이 방법이 최고"라고 이야기할 수는 없을 것입니다. 그럼에도 불구하고 자신에게 맞는 방법을 찾고 이를 잘 조합해서 언제 어디서든 꺼내서 사용할 수 있는 도구로 활용하는 일이 필요합니다.

에너지는 활동의 결과물입니다. 움직임이 있을 때 에너지는 생겨납니다. 전기가 만들어지는 원리와 비슷합니다. 많은 시간을 투입하지 않더라도 일정한 시간 동안 몸을 움직이는 가벼운 운동을 하는 것입니다. 이런 운동 가운데 일부는 규칙적이라면 크게 도움을 받을 수 있습니다. 그런 활동 중에서 으뜸은 몸을 직접 움직이는 일입니다. 아침에 규칙적으로 하는 수

영과 틈틈이 하는 스트레칭이나 걷기 또는 뛰기 등도 원활한 에너지의 흐름을 선물할 수 있습니다.

활동에는 육체적인 움직임과 함께 지적인 움직임도 포함됩니다. 새로운 정보나 지식을 부지런히 읽는 일도 도움이 될 것입니다. 틈틈이 자신의 생각을 기록으로 정리해보는 일도 에너지를 만들어내는 데 도움을 받을 수 있는 방법입니다. 무엇보다 언제 어디서든 자신이 해야 하는 일을 의도적으로 열심히 하는 습관이 에너지를 만들어내는 데 도움을 줍니다. 분위기를 바꾸어보는 일도 도움이 됩니다. 시간을 주로 배분해왔던 활동과 성격이 다른 활동을 시작해보는 것도 도움이 됩니다.

저는 저녁 시간이 되면 하던 일을 접고 전혀 다른 일들, 이를테면 소설 읽기나 영화 보기 등으로 분위기를 일신하곤 합니다. 계속 업무를 하다가는 지치기 쉽기 때문입니다. 평소에 열심히 하는 일도 너무 오래하다 보면 지겨움이 찾아올 수 있고 그 지겨움이 울적함으로 연결되는 일들이 자주 일어납니다.

분위기를 일신하는 방법은 지루함이 함께하지 않도록 하는 일의 성격을 바꾸는 것입니다. 또한 먼 미래를 생각하지 말고 지금 해야 하는 일에 정성을 들여서 집중하다 보면 어느새 울적함이 달아나버릴 수도 있습니다.

이처럼 세상적인 방법을 열심히 배워서 자신의 것으로 만들도록 노력함과 아울러 크리스천만이 활용할 수 있는 방법을 사용하는 데도 게으르지 않아야 합니다. 크리스천들에게는 에너지를 만들어낼 수 있는 특별한 방법이 허용되는데, 이를 두고 '특권'이라고 불러도 손색이 없을 것입니다.

기분이 착 가라앉은 상태가 되거나 어떤 활동을 시작해야 하지만 시작할 기분이 들지 않을 때면 어김없이 활용할 수 있는 방법이 있습니다. 잠시 동안 눈을 감고 좋아하는 성경 말씀을 반복해서 숙고하는 일입니다. 이를 두고 '묵상 기도'라는 용어를 사용할 수 있을 것입니다. 크리스천이라면 누구든지 수시로 활용할 수 있는 방법입니다. 마치 큰 항아리에 물을 채워 넣듯이 에너지가 채워지는 그런 체험을 할 수 있는 것이 말씀에 기초를 둔 묵상입니다. 이것은 오로지 크리스천만이 누릴 수 있는 특별한 권리이자 능력임을 잊지 마시기 바랍니다.

08 위험: 리스크를 적절히 관리할 수 있어야 합니다

"자신이 통제할 수 있는 위험을 적극 관리할 수 있어야 합니다."

"삶은 리스크이다."

살아간다는 것을 깊숙이 들여다보면 리스크 그 자체임을 알 수 있습니다. 삶은 불확실하고 불확실함 속에는 위험이 내포되어 있습니다. 그래서 성경도 삶의 불확실성을 여러 차례 지적하고 있습니다.

"내일 일을 너희가 알지 못하는도다 너희 생명이 무엇이냐 너희는 잠깐 보이다가 없어지는 안개니라".(야고보서 4:14)

구약을 공통적인 경전으로 사용하는 기독교와 유대교 사이에는 여러 다른 점이 있지만 '저세상', 즉 내세를 바라보는 시각에서도 큰 차이가 있습니다. 기독교가 '저세상'에 더 큰 비중을 둔다면 유대교는 '이 세상'에 더 큰 비중을 둡니다. 그래서 기독교인들은 '이 세상'에서 승리를 거두는 방법 면에서 유대교인들에 비해 그 비중을 낮추어 잡는 경향이 있습니다.

그런데 흥미로운 점은 하나님께서는 어떤 일을 하시더라도 오랫동안 차근차근 준비하시는 분이시라는 것을 성경 속에서 발견하고 놀라게 된다는 것입니다. 인간을 구원하는 구원 사역도 창세전부터 인간의 시간 역사 동안 차근차근히 준비하셔서 결국 예수님의 십자가 사건까지 이르게 됩니다. 이런 면에서 하나님의 속성 가운데 하나는 '준비하시는 하나님'임을 확인하게 됩니다.

크리스천들은 삶에서 모든 일은 하나님의 장중에 있음을 고백하는 사람들입니다. 이런 기본 전제를 믿는 사람들이지만 자신의 힘으로 통제하고 관리할 수 있는 일들에 대해서는 최선을 다하는 사람들이어야 할 것입니다.

다시 말하면 '저세상'에서도 승리하는 사람이어야 하지만 마찬가지로 '이 세상'에서도 승리하는 사람이어야 합니다. '이 세상'에서 승리하기 위해 무엇이 필요할까요?

최근에 실리콘밸리가 주목하는 혁신 기업가로 15개가 넘는 하이테크 기업을 설립한 피터 디아만디스의 『볼드』라는 책을 읽다가 저자의 흥미로운 주장을 만났습니다. "선택할 수 있을 때는 2가지 모두 선택하라!"

그의 주장은 우리가 어린 시절부터 하나만 선택해야 한다고 가르침을 받아왔음을 문제 삼습니다. 사람들은 습관적으로 둘 가운데 하나를 선택하라고 강조하지만 디아만디스는 '자신은 둘 다로도 모자란다'는 믿음을 갖고 살아왔으며, 현실 세계에서도 그렇게 사는 용감한 사람들이 많음을 지적합니다.

그의 주장은 전통적인 주장과는 차이가 있습니다. "2마리 토끼를 모두 잡으려 하다가는 둘 다 놓친다" 등과 같은 오랜 금언이 우리에게는 진실로 받아들여져왔기 때문입니다.

그러나 그의 조언에도 충분히 귀를 기울일 만한 가치가 있습니다. 어떤 가능성이 있다면 2가지 일을 동시에 진행하는 일도 가치가 있습니다. 선택과 집중이라고 해서 한 가지를 선택하면 다른 것을 반드시 포기해야 하는 것은 아닙니다. 그의 주장은 우리의 삶의 방식에 대해서도 시사하는 바가 큽니다.

우리는 '이 세상'에서 승리하기 위해 성장해야 하지만 동시에 위험을 잘 관리해 생존에도 성공해야 합니다. 굳이 우선순위를 둔다면 위험에 대비하면서 동시에 미래를 위한 씨앗을 뿌릴 수 있어야 합니다. 여러 가지 위험 가운데서 우리가 상당 부분 통제력을 갖고 있는 부분이자 중요한 부분은 직업인으로서의 경쟁력을 오래오래 유지하는 일입니다.

유대인들의 『탈무드』에는 이런 문장이 등장합니다. "사람의 모든 장기는 심장에 의존하는데 그 심장조차 지갑에 의존한다." 웃고 넘어가기에는 너무 심각한 메시지를 담고 있습니다. 직업인으로서 유용성을 상실하게 될 때 치러야 하는 비용은 너무 큽니다. 또한 재정적인 어려움을 겪지 않도록 준비하는 일일 것입니다. 2가지는 서로 밀접하게 연결되어 있습니다. 5년이나 10년 터울로 자신이 반드시 준비해야 할 것을 결정하고 이를 제대로 준비하기 위해 하나하나 만들어가는 데 적절히 투자해야 할 것입니다.

뿐만 아니라 어떤 선택을 할 때도 과욕, 과신, 과속에 눈이 가려지지 않도록 각별히 주의해야 할 것입니다. 지나친 수익에 눈이 어두워진 나머지 유행에 휘둘리는 것도 특별히 우리가 주의해야 할 일입니다. 우리에게 주어질 수 있는 통제 가능한 위험에 우선순위를 매긴 다음에 할 수 있는 한 최선을 다해 대비하는 일입니다.

우리 사회는 저성장과 저출산과 고령화가 뚜렷한 추세로 자리 잡아가고 있습니다. 경제적인 어려움을 겪는 이웃들이 좀 더 늘어날 것으로 전망됩니다. 더욱이 기술 변화는 기존의 직업 세계에서 심한 부침을 만들어낼 것으로 보입니다. 무엇보다 직업인으로서 존재감을 확보하기 위해 노력하는 것이 위험 관리의 으뜸일 것입니다.

09
도전: 새로운 시도가 없다면 성장도 없습니다

CHRISTIAN
SELF-MANAGEMENT

"도전할 수 있는 기회는 드물게 주어지는 특별한 선물입니다."

"인생에서 가장 큰 즐거움은 다른 사람들이 '당신은 그것을 할 수 없을 거요'라고 말하는 것을 도전해서 해내는 것이다."

언젠가 새벽에 글을 쓰다가 만났던 멋진 문장입니다. 이따금 걸어온 날들을 되돌아볼 때가 있습니다. 그럴 때면 "내 삶이 고단하였다"는 말이 함께 떠오릅니다. 늘 크고 작은 도전들이 있었기 때문입니다. 머무름과 편안함보다 늘 전진과 투쟁을 향한 몸부림이 있었기 때문입니다. 그래서 큰 성취를 했는가라는 질문에 대해서 "그렇다"고 자신 있게 답할 수 없지만 최소한 "후회는 없다"라는 이야기는 내놓을 수 있을 것입니다.

도전이 없으면 성장과 성취는 없습니다. 도전이 없으면 감격과 감동을 맛보기란 쉽지 않다고 봅니다. 이런 점에서 젊은 날부터 무던히도 뭔가에 도전하고 또 도전했던 제 자신에게 고맙다는 생각이 들 때가 있습니다.

제가 예수 그리스도를 믿기 전에는 도전과 성취라는 실용적인 관점으로 도전할 만한 기회를 바라보았습니다. 그런데 예수님을 구주로 믿고 따르기 시작하고 나서부터 저는 제 자신에게 이런 질문을 자주 던집니다. "예수님은 이 땅에 사는 동안 내가 어떤 삶을 살아가기를 원하실까?" 특히 도전과 관련해서 "어떤 삶을 원하실까? 수동적이고 방관하는 태도로 삶을 살아가는 것을 원하실까? 아니면 그 반대를 원하실까?"

외지로 떠나는 주인이 종들에게 금화를 준 마태복음의 이야기를 떠올리곤 합니다. 예수님은 주인이 없는 동안 물려받은 금화를 한껏 활용해서 많은 돈을 벌어들인 종을 칭찬합니다. 상식적인 선에서 우리는 예수님의 마음속으로 들어가 볼 수 있습니다. 하나님의 사랑하는 자녀들이 이 땅에서 미지근한 자세로 살아가는 것을 잘 사는 삶이라고 칭찬할 수 있을까요? 예수님은 그런 삶을 원하지 않으실 것입니다. 예수님은 우리가 이 땅에서도 자신이 가진 모든 능력을 총동원해서 기회를 잡기도 하고 만들기도 하면서 힘차게 전진하는 크리스천이기를 원하실 것입니다. 이런 점에서 도전하는 삶은 예수님이 원하시는 삶의 모습이기도 합니다.

기회라는 것은 우연히 주어질 때가 있습니다. 예고편도 없이 조용히 다가오는 그런 기회들도 인생에서 꽤 큰 비중을 차지합니다. 그래서 사업하는 사람들 가운데는 운이 7할이고 능력이 3할이란 뜻을 담은 '운칠기삼運七技三'이란 사자성어를 농담 반 진담 반으로 사용하는 분들도 있습니다.

행운이란 단어를 입에 담고 싶지 않은 크리스천들은 뜻하지 못한 그런 사건들에서도 하나님의 계획과 뜻과 섭리를 읽습니다. 세상 기준으로 "이것은 기적과 같은 일"이라는 탄성과 놀라움을 터뜨릴 수 있는 일이 삶에서는 일어나곤 합니다.

삶에 대한 기대 수준이 높고, 항상 기회를 잡기 위해 안테나를 높이 세우고, 섬세하고 진지하게 주변을 탐색하는 사람들이 멋진 기회를 잡을 가능성이 있습니다. 그런 사람들만이 '이게 기회구나'라고 인지할 수 있습니다.

많은 분이 멋진 기회를 인식하지 못한 채 흘러가 버리도록 방치하는 일들도 자주 있습니다. 이따금 용기가 부족한 탓에 기회를 알아차리지만 놓치는 일들도 일어나곤 합니다. 그래서 저는 기회를 잡는 근력도 평소에 훈련이 되어 있어야 한다고 봅니다. 작은 기회라도 절대로 놓치지 않고 그것을 자신의 것으로 만들어내는 데 익숙한 사람들은 큰 기회가 왔을 때도 수월하게 잡아서 활용할 수 있습니다.

  한편 의도적으로 기회를 만들기 위한 노력도 필요합니다. 그런 노력들이 반드시 필요하지만 그런 노력이 기회로 연결될 수 있도록 만드는 데에는 인간적인 노력을 넘어서는 '그 무엇'이 있음을 강하게 인식하는 것이 신실한 크리스천이 기회를 바라보는 시각일 것입니다. 절실하게 구하면서도 절박하게 노력하는 것이 동시에 이뤄져야 할 것입니다. 의도함과 의도하지 않음 그리고 통제할 수 있음과 통제할 수 없음이 날줄과 씨줄처럼 연결되어서 우리의 삶은 한 단계씩 도약하게 됩니다.

10
전망: 시대가 어디로 향하는지 늘 궁금해해야 합니다

CHRISTIAN
SELF-MANAGEMENT

"환경 변화로부터 예외로 남아 있을 수 있는 사람은 없습니다."

"모든 것은 변한다." 유일하게 변하지 않는 것은 변화 그 자체일 것입니다. 사업가들에게서 드물게 관찰되는 일이 한 가지 있습니다. 잘나가는 주력 상품이나 사업이 앞으로도 잘될 수 있을 것이라는 막연한 낙관론을 갖는 일입니다. 이런 사업가들이 흔치는 않습니다만, 이따금 한때의 성공에 과도하게 취해버린 사람을 만나는 일도 있습니다. 이들은 그때부터 공세적인 태도를 접고 방어적인 태도로 전환합니다. 흥미로운 일은 최고의 수성守成이 공세攻勢라는 점입니다. 방어적인 자세로 돌아서면 사람의 마음과 태도가 모두 변하게 됩니다. 서서히 사업 규모가 쪼그라드는 일이 일어납니다.

이런 일은 반드시 기업에만 해당하지는 않습니다. 개인의 삶에서도 마찬가지라고 생각합니다. 직업인으로서 완전히 은퇴하기 이전까지는 공세가 최고의 수성이라는 원칙을 분명히 할 필요가 있습니다. 왜, 이런 일이 일어날까요? 세상의 변화 때문입니다. 세상의 변화 속도와 자신의 변화 속도 사이에 격차가 커지면 결국 노력하는 사람도 변화 앞에 무릎을 꿇게 됩니다. 우리 모두는 변화로부터 성역으로 남아 있을 수 없습니다. 오늘날 디지털과 모바일 기술이 얼마나 많은 것을 변화시키고 있습니까? 거리로부터 온갖 것이 모바일 환경으로 빨려 들어가는 것을 지켜보면서 앞으로 얼마나 많은 직업이 사라져가게 될까를 생각합니다. 어디 그뿐입니까? 빅데이터와 인공지능의 결합은 지식근로자들의 전유물처럼 여겨져왔던 전문직들을 얼마나 많이 사라지게 할까요? 아침 신문을 볼 때마다 저는 도처에서 변화에 저항하는 아우성을 확인하게 됩니다. 경제 주체들이 거대한 흐름을 뒤집을 가능성은 거의 없음에도 불구하고 사람들은 마지막 순간까지 저항합니다. 결국 비용은 비용대로 치르고 무대에서 내려오는 일이 일어나고 맙니다.

사업가들이 시장과 고객을 전망하는 데 골몰하는 것처럼 모든 개인도 기업가와 똑같은 역할을 맡아야 할 것입니다. 기술, 환경, 유행, 의식 그리고 제도의 변화가 자신의 직업과 삶에 어떤 영향을 미치게 될지를 전망하고 대처법을 마련할 수 있어야 할 것입니다. 여러분의 독서 목록에 반드시 미래에 관한 서적이나 기술에 관한 서적들을 포함시키는 것을 잊지 않아야 합니다. 역사서를 통해 이미 일어난 일을 읽는 재미도 있지만, 미래서 읽기는 기회의 문을 열어준다는 점에서 유익한 독서가 될 것입니다. '나는 미래를 읽고 싶다', '나는 미래에 대해 알고 싶다'는 지적 욕구를 늘 가지시길 권하고 싶습니다.

미래를 전망하는 데 도움을 받을 수 있는 가벼운 습관도 필요합니다. 누군가의 인터뷰를 읽을 때면 항상 "이 전문가는 미래를 어떻게 바라보고 있을까"라는 그런 궁금함으로 대하시기 바랍니다. 특히 시장에서 충분히 검증받은 사업가들의 미래에 대한 전망은 참고할 만한 가치가 있습니다. 거리를 다니거나 사람을 만날 때도 항상 안테나를 높이 세우시기 바랍니다. 특이한 관찰이 미래로 가는 길을 열 수 있기 때문입니다. 미래는 어느 날부터 '짠~' 하고 나타나는 것이 아니라 서서히 확산되는 경향이 있습니다. 저는 '이런저런 미래가 열릴 것이다' 등과 같은 추측이나 가정을 자주 해봅니다. 이 또한 도움이 됩니다.

11
강점: 자신이 잘할 수 있는 일에서 입신해야 합니다

CHRISTIAN
SELF-MANAGEMENT

"해야 하는 일, 잘할 수 있는 일, 하지 말아야 할 일을 구분해야 합니다."

"글을 잘 쓰는 사람이 강연을 잘하기가 힘든데…."

언젠가 열강을 마친 다음 담소 자리에서 어떤 그룹의 회장님으로부터 들었던 칭찬입니다. 연배가 한참 위이고 치열하게 자신의 분야를 개척해왔고 흠결 없이 자신을 관리해온 분으로부터 받았던 칭찬인지라 오랫동안 가슴에 남는 칭찬이자 덕담이 되었습니다. 그런 칭찬을 들었던 날 그 내용을 페이스북에 슬쩍 남겼던 적이 있었습니다.

그 글에 대해 한 분이 부러움의 마음을 댓글로 남겼습니다. "아, 정말 부럽습니다. 저도 언젠가는 그런 칭찬을 받을 수 있도록 열심히 살아보렵니다." 이 댓글에 대해 저는 "20대, 30대, 40대, 50대 쉼 없이 달려왔어요"라는 글귀를 남겼는데, 여기에 깊은 의미가 담겨 있습니다.

사람은 태어날 때부터 다른 재능을 갖고 납니다. 그 재능을 찾아내는 것이 삶이라는 생각을 자주 하게 됩니다. 그 재능을 조금 이른 나이에 발견하면 훨씬 삶이 풍성해지게 됩니다.

흥미로운 것은 그 재능을 발견해내는 과정에서 대충대충이나 설렁설렁은 별로 도움이 되지 않는다는 사실입니다. 어떤 일이라도 대충대충하게 되면 아무리 오랫동안 일을 해왔더라도 자신의 재능을 찾아내거나 재능을 갈고닦는 데는 그다지 도움이 되지 않습니다.

어떤 사람이 상당한 경지에 도달한 것처럼 보일 때면 "정말 잘 한다" 혹은 "정말 부럽다"는 찬사를 넘어서 그 원인에 주목해야 합니다. 이를 통해 그 사람이 자신의 재능을 발견하는 일과 그 재능을 갈고닦는 일에 상당한 성과를 거두어왔음을 알 수 있습니다.

마치 고기를 잡듯이 처음에는 넓게 그물을 던지게 됩니다.

닥치는 대로 이 일 저 일을 한다는 표현이 과하지 않을 정도로 열심히 20대와 30대를 보내야 합니다. 많은 일을 하면서도 일 하나하나에 온 마음과 정성을 다해 하다 보면 마치 새벽에 여명이 밝아오듯이 '이것은 내가 잘할 수 있는 일이구나' 혹은 '이것은 나에게 맞지 않는 일이구나' 등과 같은 판단을 내릴 수 있습니다. 그것은 일종의 깨달음에 해당합니다.

또 한 가지는 어떤 일을 열심히 하는 것에 비례해서 자신이 보기에도 성과가 제법 나온다면 그 일을 주목해야 합니다. 비슷한 일들을 반복할 때마다 더 나은 성과를 거둘 수 있다면 자신이 무엇을 잘해야 하는가를 찾아냈다고 해도 무리가 아닐 것입니다.

저는 사람을 움직이는 관리직을 맡으면서 '이것은 내가 계속할 만한 일이 아니구나'라는 사실을 깨달았습니다. '직접 책을 쓰고 강연록을 만드는 일을 하면서 이것은 내가 평생 동안 해야 할 일이구나'라는 강렬한 깨달음을 얻게 되었습니다.

이런 깨달음을 얻은 다음에 내리는 선택도 아주 중요합니다. 자신이 손을 대지 않아야 할 일은 일부러 멀리 해야 하고, 자신이 정말 잘해야 하는 일에는 더 많은 에너지와 정성을 들일 수 있어야 합니다.

평범하게 태어난 사람이라도 인생의 어느 시점에서 자신이

해야 하는 일을 발견하고 그다음에 이를 집중할 수 있다면 상당한 인물로 성장할 수 있을 것입니다. 발견을 위한 모색과 발견 이후의 집중, 이 2가지가 자신을 구하는 길이기도 하고 자신의 인생을 반석 위에 세우는 길이기도 합니다.

12

지혜: 현명하게 판단하고 행동해야 합니다

CHRISTIAN
SELF-MANAGEMENT

"과욕, 과신, 과속 그리고 유행에 눈이 가려지지 않아야 합니다."

"지식은 배움에서부터 비롯되지만 지혜는 삶으로부터 생겨난다." 위키피디아의 공동 창업자인 안토니 D. 윌리엄스Antony D. Williams의 말입니다.

  물론 삶의 햇수가 더해진다고 해서 반드시 지혜로운 사람이 되는 것은 아닙니다. 간혹 세상 기준으로 나이를 많이 먹은 분들이 씻기에는 너무 파장이 큰 실수를 저질렀다는 소식을 접할 때가 있습니다. 많이 배운다고 해서 지혜로운 사람이 되는 것은 아니라고 봅니다. 이따금 우리는 신문 지상을 장식하는 지도층 인사들의 어처구니없는 실수를 대할 때가 있습니다. 높은 자리에 오르는 데 성공한 사람이나 학식이 높은 사람이라고 해서 그런 실수로부터 예외로 남을 수는 없습니다.

그렇다면 왜, 지혜가 중요한 것일까요? 판단과 관련되기 때문입니다. 전직, 전업, 투자 등 거의 모든 선택에서는 지혜가 결정적인 역할을 담당하게 됩니다. 어떤 결정이 가져올 수 있는 긍정적인 요소와 부정적인 요소를 나타내는 정교한 보고서를 접하더라도 최종적인 결정을 하는데는 지혜가 결정적인 가이드 역할을 담당하게 됩니다.

여러분도 그동안 내렸던 몇몇 중요한 결정들이 삶의 항로를 크게 바꾸어놓았을 것입니다. 이런 결정들은 오랜 시간에 걸쳐서 영향력을 발휘하고 그 결정 이전과 이후로 삶이 나누어질 정도로 어떤 사람의 삶에 중요한 위치를 차지하게 됩니다. 잘못 내린 의사결정인 경우에는 세월도 함께 날려버리게 됩니다. 특정 결정으로 인해서 더 이상 기회를 활용할 수 없는 어려움을 겪기 때문입니다. 특정 결정은 오랫동안 벗어날 수 없는 제약 조건을 만드는 역할을 담당하게 됩니다.

지혜는 현명함과 동의어입니다. 지혜는 어떻게 만들어지는 것일까요? 지혜의 기초는 지식과 경험의 조합에서 나옵니다.

지식은 우리가 흔히 말하는 배움과 동의어로 이해할 수 있습니다. 부지런히 활자를 읽는 일이 필요하겠지요. 그런데 지식 못지않게 경험도 중요한 역할을 합니다. 특정 분야에서 박사학위를 받을 정도로 공부를 많이 한 사람보다 오히려 저마다의 분야에서 삶의 이치와 도리를 깨닫는 분들이 많기 때문입니다. 자신의 분야에서 묵묵히 마치 정진하듯이 살아온 분들은 나름의 특별한 지혜를 갖게 됩니다.

지혜를 갖기 위해 특별히 고립된 장소에서 수련을 하지 않더라도 생업의 현장에서 진심으로 진지하게 살아온 분들 가운데 지혜로운 사람이 많습니다. 이분들은 지식과 경험이 조합된 '분별력' 혹은 '변별력'을 지니고 있습니다.

어떤 사물이나 현상을 볼 때 겉으로 드러난 유행에 휘둘리지 않고 본질을 볼 수 있는 안목도 지혜의 중요한 부분을 차지합니다. 이런저런 사람들을 만날 때 좋은 사람과 나쁜 사람을 분별할 수 있는 것도 지혜에 속합니다. 가볍게는 어떤 장소에서 어떻게 처신해야 하는가도 지혜의 영역일 것입니다.

크리스천들이 지혜의 지침으로 활용할 수 있는 훌륭한 원천은 성경이며 이 가운데서도 잠언이나 시편은 탁월한 지혜의 보고라 불러도 손색이 없을 것입니다.

지혜를 갖게 되면 겉모습에 휘둘리지 않고 항상 본질을 꿰뚫어볼 수 있기 때문에 자신과 가족 그리고 사업을 보전할 수 있는 능력과 힘을 가질 수 있을 것입니다. 크리스천들의 신앙생활이 점점 수준이 높아지면서 경험하게 되는 절제된 삶과 생각 그리고 행동도 한 개인이 가질 수 있는 지혜에 속합니다.

13
우직: '이것이다'라는 판단이 서면 계속 나아가야 합니다

CHRISTIAN
SELF MANAGEMENT

"꾸준히 밀어붙이는 것은 여전히 중요한 덕목입니다."

"빠름과 속도가 우선되는 시대." 언제부터인가 거실에서 영화를 볼 때도 항상 '몇 배속'이란 빠름 기능을 선택하고 있는 자신을 만나게 됩니다. 정상 속도의 영화 감상을 느리게 받아들이기 시작한 사람은 저만이 아닐 것입니다.

한번은 한 시대를 풍미했던 영화감독의 인터뷰 내용 가운데 흥미로운 대목에 주목하였습니다. 그 영화감독은 세월이 갈수록 자신이 만든 영화가 흥행에 실패하는 이유 가운데 하나가

화면 전환과 이야기 전개 속도가 너무 빨라진 탓이라고 이야기했습니다. 고객이 변했지만 자신이 변하기 어려운 점을 솔직하게 고백하는 것이 인상적이었습니다.

이 시대를 살아가는 사람들이라면 너나 할 것 없이 빨리 뭔가를 성취해야 한다는 데 대해서 일종의 강박감을 갖지 않을 수 없는 환경 속에서 살아가게 되었습니다. 예를 들어 비즈니스 세계에서는 이런 점이 확연하게 드러납니다. 과거에 비할 바 없을 정도로 눈부신 속도로 부$_{富}$를 축적하는 기업들이 늘어나고 있습니다. 창업한 지 얼마 되지 않은 신생기업들 가운데 시가총액이 10억 달러, 우리 돈으로 1조 2,000억 원에 달하는 기업들이 존재한다는 것은 과거 같으면 상상할 수도 없는 일이고 있을 수도 없는 일이었습니다. 그런데 이런 기업들이 부쩍 늘어나기 시작하자 전문가들은 이런 신생기업을 전설 속의 동물인 유니콘$_{Unicorn}$이라 부르기 시작하였습니다.

"처음에는 이들 기업이 희소성이 있었기 때문에 유니콘이라 불렸습니다. 그런데 이들 기업의 수는 2014년에는 45개로 증가하고 2015년에는 120개로 그리고 2016년에는 174개로 늘어나게 되었습니다."(유효상, 『유니콘』)

이 같은 시대 속에 살아가는 우리도 영향을 받지 않을 수 없습니다. 조급하게 무엇인가를 성취해야 한다는 압박감으로부터 자유로울 수가 없습니다. 그런 분위기가 강하다 보니 우직하게 무엇인가를 끈기 있게 추구하는 것에 대한 가치는 크게 줄어들고 말았습니다. 젊은이들일수록 이런 영향력 아래 더 크게 노출되는 상황이 벌어지고 있습니다. 따라서 지나치게 이른 시점에 자신의 처지에 낙담해버리는 경향이 생기는 것도 조급함이란 대세가 가져온 변화일 것입니다. 그런데 우리는 늘 어떤 유행이 지배적인 영향을 끼칠 때 그것의 빛과 그림자를 명확히 구분할 수 있는 지혜를 갖고 있어야 합니다.

직업인으로의 우리의 실력은 시대 상황과 관계없이 조급함과는 함께하기가 쉽지 않습니다. 여러분의 실력이 조급하게 성장할 가능성이 있을까요? 저는 불가능한 일이라고 생각합니다. 외부 환경이 조급함을 부추기더라도 그것이 갖고 있는 시시비비를 정확히 가릴 수 있어야 속지 않을 것입니다.

한 인간이 전문가로 살아가는 데 필요한 능력의 대부분은 우리의 두뇌 속에 자리 잡고 있는 '지식 공장'으로부터 나오게 됩니다. 지식 공장이 만들어내는 역량, 해법, 아이디어, 기회 포착 능력 등과 관련된 것들은 하나같이 오랜 투자를 필요로 합니다. 숙성에 필요한 일정한 시간을 필요로 합니다. 일정한 시간 동안 집중적인 선행 투자가 있어야 전문가로 입신할 수 있다는 주장입니다.

저는 그동안의 경험을 통해서 일정 기간 동안 집중적인 투자가 이루어지고 나면 지적인 토대가 형성되고 그런 지적 토대 형성 이후에 꾸준하게 이루어지는 노력들은 마치 벽돌을 쌓듯이 집과 같은 구조물을 만들어간다는 사실을 깨달았습니다. 따라서 '아마도 이 분야가 내 분야인 것 같다'거나 '이 분야에 내 달란트가 있는 것 같다' 혹은 '그나마 이 길이 나에게 맞는 길 같다'는 확신이 서면 믿음을 갖고 꾸준하게 파고들어가는 노력이 필요합니다.

우직하게 자신의 분야를 밀어붙이는 사람들이라면 어김없이 "그렇게 하는 것은 시대에 맞지 않다"고 속삭이는 목소리를 만나게 될 것입니다.

하지만 저의 생각은 다릅니다. 시대 환경이나 특성이 바뀌었다 하더라도 우직하게 파고들어가는 자세만큼 중요한 것은 없다고 봅니다. 이런 노력들이 꾸준하게 이루어지다 보면 어느 순간을 기점으로 자신의 역량이 변곡점을 그리는 것처럼 급상승하는 것을 알아차리게 됩니다.

어느 시점부터 예전에는 기대할 수 없을 만큼의 성과를 올리게 되고 이런 성과가 전혀 예상할 수 없는 새로운 가능성의 영역을 제시하는 것을 목격하게 됩니다. '우직하게 전진하라!' 이 명령어는 우리가 깊이 새겨야 할 행동 지침입니다.

14
확장: 자신의 분야를
계속 확장시켜나가야 합니다

CHRISTIAN
SELF-MANAGEMENT

"파고들어가는 것 못지않게 확장해가는 것도 중요합니다."

『찰스 핸디의 포트폴리오 인생Myself and other more important Matters』. 뚜렷한 철학을 가진 자기계발서 작가 찰스 핸디Charles Handy의 책 제목입니다. 이것은 한마디로 삶의 진면목을 제대로 담고 있는 멋진 표현입니다.

살아가는 것은 알게 모르게 포트폴리오를 재조정해가는 일입니다. 직장을 다닐 때는 회사나 고용주가 포트폴리오의 구성에 큰 몫을 차지합니다만 직장을 떠나서 프리랜서로 살아가거나 은퇴를 하면 포트폴리오를 구성하는 책임은 오롯이 자신이 지게 됩니다. "당신의 포트폴리오를 합리적 구성하라!"는 투자에서 흔히 사용되는 조언입니다. 유가증권 같은 자산의 투자가 지나치게 특정 기업이나 업종에 치우쳐 위험에 노출되지 않도록 적절히 배분하라는 뜻입니다. 지나치게 특정 자산을 많이 가짐으로써 위험을 감수하지 말라는 조언과도 맥을 같이합니다. 그런데 찰스 핸디가 말하고 싶은 포트폴리오 인생은 일, 가정, 인간관계 등과 같이 어떤 사람이 시간과 에너지를 투입해야 하는 활동 영역을 말합니다.

우리는 알게 모르게 자신의 시간과 관심 그리고 에너지와 열정을 투입해서 계속 자신의 포트폴리오를 재조정합니다. 여러분의 걸어온 길을 잠시 생각해보시기 바랍니다. 10대와 20대 그리고 30대와 40대로 이어지면서 여러분의 포트폴리오는 계속 조정되어왔을 것입니다. 포트폴리오는 거시적으로 볼 수도 있지만 미시적으로 볼 수도 있습니다. 직업인으로 우리에게 중요한 것은 직업인으로서의 정체성과 경쟁력일 것입니다.

여러분이 조직에 고용되어 일하고 있다면 여러분은 승진과 함께 다양한 기술과 지식을 제공해야 할 의무를 지고 있습니다. 그 대신 조직은 여러분에게 보수를 지불합니다. 저처럼 '1인 기업가'로 살아가는 사람에겐 포트폴리오의 재조정은 생활의 매우 중요한 부분입니다. 시간을 요구하는 업무를 처리하면서도 끊임없이 미래를 준비해야 합니다. 새로운 주제로 계속 책을 펴내는 일은 자신을 훈련시키는 일이자 자신의 업무 영역을 다양하게 확장시키는 일입니다. 이른바 '인생의 포트폴리오'를 확장시키는 것을 뜻합니다.

직장처럼 든든한 바람막이가 존재하지 않는 삶을 살아가야 하는 사람에게는 자신의 업무 영역이나 활동 영역을 확장시켜 나가는 일은 선택이 아니라 필수입니다. 그리고 특별한 활동이 아니라 일상의 자연스러운 한 부분이 되어야 합니다. 상대적으로 이런 활동을 깊이 고민하지 않았던 사람도 막상 조직을 떠나야 하는 시점이 되거나 은퇴를 맞게 되면 자신이 너무 편안하게 생각해왔다는 깨달음을 얻게 됩니다.

누군가 저에게 "직업인으로서 가장 중요한 일이 무엇인가"라고 묻는다면 "자신이 소유하고 있는 포트폴리오를 얼마나 풍부하게 확장해놓았는가"라는 점이라고 말하고 싶습니다. 물론 확장만큼 중요한 것은 심화입니다. 얕은 기술이나 지식이 아니라 뚜렷이 차별화할 수 있도록 깊은 지식과 기술이 필요합니다. 저는 이를 두고 '포트폴리오의 확장과 심화'라는 표현을 사용하곤 합니다.

위험을 피하고 지속적으로 성장하기를 소망하는 사업가들

은 누구든 사업 포트폴리오를 확장시키기 위해 최선을 다합니다. 그들은 새로운 성장 축을 만들기 위해 온갖 노력을 다하는데, 이런 면에서 우리 모두는 사업가임에 틀림이 없습니다. 비교적 생활이 편안하고, 삶이 잘 돌아가는 것처럼 보일 때라도 포트폴리오를 확장하는 노력을 게을리하지 않아야 합니다. 좀 더 젊은 나이부터 자신이 시장에 내놓을 수 있는 구체적인 능력을 확장시키는 노력을 게을리하지 않아야 합니다. 만일의 상황에서 잘 준비한 하나의 능력이 타격을 받으면 또 준비된 다른 능력을 갖고 충분히 대체할 수 있도록 해야 할 것입니다.

15
태도: 진지함과 진실로 무장해야 합니다

CHRISTIAN
SELF-MANAGEMENT

"잔재주가 잠시 유리하게 보일 수도 있지만 결국 진실이 승리합니다."

"당신의 태도는 가격표와 같은 것입니다. 그것은 당신이 얼마나 가치 있는 사람인가를 보여줍니다."

새벽에 작업을 하던 중에 만난 문장입니다. 바로 곁에는 나쁜 태도에 대한 준엄한 경고가 붙어 있었습니다.

"나쁜 태도는 펑크 난 타이어와 같다. 만일 당신이 그것을 고치지 못한다면, 당신은 결코 다른 곳을 갈 수 없을 것이다."

습관과 마찬가지로 태도 또한 얼마든지 스스로의 힘으로 고칠 수 있는 것입니다. 우리는 조금 더 관심을 갖고 자신이 어떤 태도를 갖고 살아가고 있는지를 살펴봐야 합니다.

여기서 한 걸음 나아가 자신이 무의식중에 행하는 태도가 다른 사람들의 눈에 어떻게 비춰지는가에 대해서도 곰곰이 생각해봐야 합니다. 사소하게 보이는 태도가 삶의 항로를 크게 바꾸어버릴 수도 있고, 기회를 놓쳐버리게 만들 수도 있고, 타인에게 적대감을 심어줄 수도 있고, 성과를 크게 낮추어버릴 수도 있기 때문입니다.

우리 모두가 관계 속에서 살아간다는 점을 염두에 두면 타인에 대한 감수성을 갖는 것은 매우 중요합니다. 항상 타인의 입장에서 생각해볼 수 있다면 태도 경쟁력을 갖추는 일에서나 타인에 대한 감수성을 강화하는 데서 큰 도움을 받을 수 있습니다. "고객이라면 어떨까?" "상대방이라면 어떨까?" 등과 같은 질문을 던지는 것만으로도 문제 해결책을 찾고 위급한 상황을 벗어나고 타인으로부터 호감을 얻는 데 아주 큰 도움을 받을 수 있습니다.

회사의 초청으로 젊은이들에게 강연을 할 기회가 있습니다. 그럴 때면 아주 몰입해서 뭐라도 하나 더 배워보려고 집중하는 젊은이들을 만나게 됩니다. 그들은 강연자로 초청받은 사람들에 대한 호기심을 갖고 있을 뿐만 아니라 아마도 앞서 걸어가는 사람이나 사회적으로 어느 정도의 성취를 한 사람으로부터 충분히 배울 만한 가치가 있다고 생각할 것입니다. 그들은 배움에 대한 실리적인 목적을 갖고 있기도 하겠지만 평소에도 무슨 일이든 진지하고 성실하게 대하는 데 익숙한 젊은이들일 가능성이 높습니다.

그런데 반대쪽으로 달려가는 젊은이들도 있습니다. 스마트폰을 만지작거리면서 시간을 때워 보내는 젊은이들도 간혹 있습니다. 물론 회사의 격무로 인한 피곤함도 있겠지만 처음부터 회사가 제공하는 교육 기회 자체를 탐탁지 않게 생각하는 젊은이들도 있습니다. 이 두 유형의 젊은이들은 똑같은 시간을 보내지만 어떤 태도를 취하는가에 따라 커다란 간격이 생길 수밖에 없습니다.

제 경험에 의하면 인생에서 기회는 요란한 소리를 울리면서 오지 않습니다. 아주 조용히 왔다가 조용히 가버리는 것이 기회입니다.

매사에 대해 진지하고 성실한 태도를 가진 사람은 정보, 지식, 사람을 통해서 기회를 잡을 가능성이 매우 높습니다. 그러나 무관심한 태도나 다른 사람이 지켜보지 않으면 대충대충 때우는 식의 태도를 가진 사람은 섬세한 관찰과 과감한 결단이 필요한 기회를 놓칠 가능성이 매우 높습니다.

한번은 사업 기반을 잡은 2세들을 상대로 하는 모임에서 강연을 할 기회가 있었습니다. 두 사람이 팔짱을 끼고 강연을 듣고 있었습니다. 그래서 내가 조용히 청중에게 이런 이야기를 하였습니다.

"이런 이야기를 해줄 수 있는 사람이 앞으로는 없을 가능성이 높기 때문에 어렵게 이야기를 합니다. 어떤 모임에서든 팔짱을 끼고 앉거나 서 있지 않도록 주의하기 바랍니다. 여러분의 뜻과 무관하게 상대방이 자신을 무시하는 사람으로 받아들일 가능성이 상당히 높습니다. 사소한 태도 때문에 상대방에게 적대감을 심어줄 필요는 전혀 없습니다. 만일 이런 태도를 일감을 주는 사람이 목격하였다고 가정해보시기 바랍니다."

시간을 내서 "'좋은 태도'는 무엇인가? 그리고 '나쁜 태도'는 무엇인가?"라는 질문에 대한 답변 목록을 꼼꼼히 작성해보기 바랍니다. 누구든지 상식선에서 좋은 것과 나쁜 것을 구분할 수 있습니다. 가능한 한 좋은 태도가 몸에 배도록 노력하시기 바랍니다. 그런 태도가 여러분에게 큰 보답을 가져다줄 것이라 믿어 의심치 않습니다.

그래서 저는 자주 '태도 경쟁력'이라는 표현을 사용하는 데 거리낌이 없습니다. 세상엔 태도 경쟁력을 갖고 있는 사람이 있고 그렇지 않은 사람이 있습니다. 대부분의 직장생활이나 사업은 사람들과의 관계 속에서 이루어지기 때문에 태도 경쟁력은 자신의 실력 가운데서 매우 중요한 부분을 차지한다는 사실을 잊지 않아야 합니다. 태도는 얼마든지 의식적인 노력을 통해 개선할 수 있습니다.

16
집중: 일정 시간 동안 모든 것을 퍼부어야 합니다

"집중할 수 있는 것도 재능이나 지능 가운데 하나입니다."

"지금 생각해보면 삶이란 자신의 정체성을 찾는 과정에 다름 아니라는 생각이 든다. 자신이 진정 어떤 사람인지, 진정 어떤 일에 재능이 있는지를 끝내 모른 채 죽는다면 참으로 서글픈 일이다. 삶이란 정체성이라는 사다리를 오르는 과정이고, 우리는 사다리를 오르면서 서서히 자신의 정체성을 증명하고 발견해간다."

언제나 잔잔한 감정을 선물하는 『찰스 핸디의 포트폴리오 인생』에 나오는 문장입니다. 작가가 말년에 쓴 작품이라서 그런지 그의 다른 책에 비해 감동이 듬뿍 들어 있습니다. 여기서 정체성을 좁게 해석하면 '나만의 강점'이라 불러도 손색이 없을 것입니다. 내가 타인들에 비해서 상대적으로 잘할 수 있는 영역입니다. 누구에게나 그런 영역이나 분야가 하나쯤은 있다고 봅니다.

언제, 어떻게 강점을 찾아낼 수 있을까요? 예술가들이나 스포츠 선수처럼 어린 시절부터 자신의 강점을 찾아낸 사람들은 행운아들입니다. 대부분 사람들에게 강점 찾기는 제법 시간이 걸리는 일이라고 생각합니다. 요즘에는 그 시간을 단축시키려 중학생 시절부터 직업 탐방 같은 코스를 만들고 학교생활기록부 등을 정교하게 운영하는 등의 제도를 마련하기도 합니다. 하지만 여기에 대한 제 생각은 조금 회의적입니다. 이렇게 한다고 강점을 발견할 수 있을지 의문이 듭니다. 호들갑을 떨면서 학습의 일환으로 이런저런 시도를 하는 것이 큰 효과를 낳기 어렵다고 보는 편입니다.

'나의 강점'을 찾아내기 가장 적합한 곳은 단연코 현장입니다. 강점 찾기는 서서히 이루어집니다. 도서관 안에서 공부를 하면서 발견되기보다는 현장에서 직접 이런저런 일을 해가면서 발견될 가능성이 더 높다고 볼 수 있습니다. 물론 수학적 재능이나 언어적 재능 그리고 과학적 재능 같은 것은 학창 시절에 발견될 수 있을 것입니다.

저의 경험을 미루어보면 직접 이런저런 프로젝트를 수행하면서 강점을 찾아내는 데 크게 효과를 보았습니다. 그래서 젊은 날에는 가급적이면 그물을 넓게 펴서 고기를 잡는 어부가 되어야 한다고 봅니다.

회사에 입사한 초년에는 자신에 대한 편견을 갖지 말아야 합니다. '나는 이것을 좋아한다'거나 '나는 이것을 싫어한다' 등과 같은 선입견이 자신의 도전을 방해하지 않도록 해야 할 것입니다. 무엇이든 기회가 주어지면 해봐야 할 것입니다. 그리고 좋아하지 않는 프로젝트가 자신에게 떨어지기라도 하면, '어쩌면 이 프로젝트가 나에게 새로운 가능성을 열어줄 수도 있다'고 자신을 적극적으로 설득할 수 있어야 합니다. 실제로 그런 놀라운 일이 드물지 않게 일어나기 때문입니다.

이런저런 시도를 해봐야, 잘하는 것과 잘하지 못하는 것을 발견할 수 있습니다. 이런 과정에서 자신의 강점이 서서히 드러나게 됩니다.

우선은 진지하게 일을 대하는 사람이 자신의 강점을 깨달아가게 됩니다. 동료와 함께 일을 하였는데도 불구하고 자신이 상대적으로 더 잘하는 분야를 찾아내게 됩니다. 저는 이런 상태가 '이 분야가 얼추 내 분야가 아닐까'라는 깨달음을 얻는 순간이라 봅니다.

이런 깨달음을 얻게 되면 자신이 잘할 수 있는 분야를 중심으로 집중적인 노력을 기울여야 할 것입니다. 양적으로 그리고 질적으로, 집중적으로 시간과 에너지를 투입하는 이른바 '1만 시간 법칙' 혹은 '10년 법칙'이 본격적으로 진행되어야 합니다. 이렇게 하다 보면 어느 순간에는 '영감의 순간Moments of Inspiration'을 만나게 됩니다. 완만하게 상승하던 자신의 실력이나 기량이나 기술이 어느 순간부터 마치 이륙하는 비행기처럼 가뿐하게 날아오르는 그런 순간을 맞이하게 됩니다. 예수님을 믿는 사람에게는 성령 충만한 순간의 경험에 비유할 수 있을 것입니다. 모든 것이 물이 흐르듯이 이루어지는 그런 감격의 시간들을 갖게 되면서 전문가를 넘어서 한 분야에 독보적인 능력을 갖춘 '내공인'으로 들어서게 될 것입니다.

17

진실: 올바르지 않은 일에 손을 대서는 안 됩니다

"악과 타협하지 않는다는 원칙이 늘 자신을 지켜줄 수 있는 우군입니다."

"우리를 시험에 들게 하지 마옵시고, 다만 악에서 구하시옵소서".

제가 성경 말씀 가운데 가장 자주 묵상하는 말씀은 주기도 문입니다. 세월이 흐르고 나이를 먹어갈수록 인간이란 얼마나 나약하고 완전함과 거리가 먼 존재인가를 뼈저리게 체험하곤 합니다. 그래서 저는 매일매일 '저를 시험에 들게 하지 말아달라'고 주님께 기도합니다.

저와 같이 책임의 범위가 비교적 좁은 사람도 그러할진대 관직이나 기업체 등에서 리더로서 큰 책임을 진 사람들은 더 말할 필요가 없습니다. 그들이 사소한 실수를 범한다면 그 실수가 증폭되어 과거의 선행을 모두 지워버릴 수 있습니다. 만일 여러분이 백번 천 번 올바른 일을 해왔다면 사람들은 그것을 기억하지 않습니다. 당연히 그렇게 해야 한다고 생각합니다. 그러나 여러분이 천 번을 잘하였다 하더라도 단 한 번 타인들의 삶에 큰 영향을 미칠 수 있거나 사회적 기준으로 비난받을 만한 일을 행하였다면 사람들이 그것에 대해 잊는 데는 퍽 오랜 시간이 필요합니다. 단 한 번의 실수가 큰 오명이 되어 평생의 업적을 다 날려버리는 일이 일어날 수 있습니다.

얼마 전에 선거전에서도 그런 일이 일어났습니다. 모 정당에서 갑자기 공천권을 주도할 수 있게 된 분은 오랫동안 이코노미스트로서 신망을 받아온 인물이었습니다. 저는 개인적으로 합리적이고 논리정연한 분으로 높게 평가해왔습니다. 그러나 이런 옛 속담이 있습니다. "당신이 그 사람이 누구인가를 알고 싶다면, 그에게 권력을 쥐어줘 보라." 그분의 언행에 대해서 다른 의견을 가진 분들도 있을 것입니다만, 저는 큰 충격을 받을 정도였습니다. 어떻게 사람이 저렇게 표변할 수 있는가라는 그런 놀라움 말입니다.

저는 웬만해서는 정치적인 문제에 대해 특정 인물을 비난하거나 비판하는 일은 좀처럼 하지 않습니다. 저의 기억엔 이름을 지칭해서 비판을 한 일은 없습니다. 그것이 상대방에게 두고두고 상흔이 된다는 사실을 잘 알고 있기 때문입니다. 또한 그렇게 상대방을 비난할 필요가 있는가라는 생각을 갖고 있습니다.

그러나 공천이 행해지는 2주 동안 저는 아무런 이익과 관련되어 있지 않지만 가혹한 논평을 실은 칼럼을 기고하였습니다. 제 글을 읽은 그분이 '이 양반이 어떻게 나에 대해 이처럼 가혹할 수 있을까'라는 섭섭함이 들 정도로 심한 비판이었습니다.

저는 그때 큰 진실을 다시 한 번 확인할 수 있었습니다. 인간이란 너무 나약하기 때문에 단 한 번의 실수로 자신이 쌓아온 모든 것을 한순간에 날려버릴 수 있는 그런 존재라는 사실 말입니다. '욱'해서 성질을 부리는 끝에 나오는 범죄도 모두 그런 경우에 해당합니다.

한 전문가는 사회적으로 비난받을 일을 한계적 비용으로 설명하기도 합니다. 어떤 사람에게 단 한 번의 실수는 한계적 비용을 얼마간 치르게 하겠지만 그 한 사건이 전체를 무너지게 만들어버리기도 합니다.

"이번에 딱 한 번만 하고 말지"라는 유혹이 여러 번 귀에 속삭이더라도 단 한 번이 자신이 만들어온 전부를 허물어뜨릴 수 있음을 잊지 않아야 합니다. 그런 유혹 앞에 우리 모두가 약한 존재이기에 인간적인 노력으로 부정직한 것에 손을 담그지 않도록 해야 할 것입니다. 그리고 주님께 기도드리는 겁니다. '오늘 하루도 저를 시험에 들게 하지 마옵시고.'

얼마 전에 『탈무드』에 관한 책을 집필할 때 유대인들이 갖고 있는 생생한 인간관에 주목할 수 있었습니다. 『탈무드』의 한 문장은 이런 내용이었습니다.

"내 관 위에 흙이 뿌려질 때까지 신의 가호가 함께하기를."

그들은 인간이 얼마나 실수하기 쉬운 존재인가를 정확하게 꿰뚫고 있었습니다. 죽음의 문턱에 이를 때까지 실족하지 않도록 하나님께 간구하는 내용을 담은 『탈무드』의 문장이 오랫동안 기억에 남아 있습니다.

그동안 친분을 맺었던 분들이 이런저런 사유로 인해 실족하는 일들을 지켜보면서, 원칙을 세우고 그 원칙에 따라 살아가는 것이 얼마나 중요한가를 자주 확인하게 됩니다. 타협할 수 없는 것에 대해서는 단호하게 "노$_{No}$"라고 할 수 있어야 합니다.

18 주말: 미래 준비의 초석이 됩니다

CHRISTIAN
SELF-MANAGEMENT

"주말을 체계적으로 관리하는 것은 미래를 준비하는 확실한 방법입니다."

"주말은 인생의 3분의 1이나 됩니다." 무심코 맞는 주말이지만 조금 더 관심을 갖고 보면 참으로 중요한 시간입니다. 이 시간은 온전히 자신의 계획에 따라 보낼 수 있는 시간이기 때문입니다. 그러나 늘 해야 하는 일들로 가득 차 있습니다.

언젠가 '주말 제대로 보내기'라는 세미나에서 "어떻게 보내세요?"라는 질문에 대한 답변 가운데 두 분의 답이 오랫동안 기억에 남아 있습니다.

한 분은 30대의 회사원이었는데 "무엇인가 해야 하기는 한데, 무엇을 해야 할지 잘 모르겠거든요. 갑자기 무기력하게 느낄 때가 많습니다. 그리고 일요일 저녁이 되면 이따금 비참해질 때가 있습니다. 불안하기도 하고요"라고 답하였습니다.

또 한 분은 20대 말의 여성 분이었는데 주말마다 겪는 어려움을 이렇게 털어놓았습니다.

"꼭 이것을 하겠다, 저것을 하겠다는 식으로 빽빽하게 계획을 세우거든요. 그런데 꼭 아침에 늦잠을 자버립니다. 금세 하루가 후딱 가버리거든요. 그렇게 되면 거의 지키지 못하는 경우가 많습니다. 이런 일들이 반복되면서 제 자신에 대한 자신감을 잃어버리게 되었습니다."

제가 예수님을 믿기 전에는 주말에 정말 일을 많이 했습니다. 직장 초년에는 매우 많은 시간을 미래를 준비하는 일에 투입했습니다. 그리고 40대에는 자기경영 아카데미 같은 수업을 주말마다 하느라 많은 시간을 쏟았습니다.

그러나 예수님을 믿고 나서부터는 주말의 우선순위를 주일을 지키는 일로 삼았습니다. 크리스천이 된다는 것 그리고 크리스천으로서 신앙심이 성장한다는 것은 주일에 대해 "온전히 주님에게 초점을 맞추는 날이다"거나 "세상의 욕망이란 우상을 내려놓는 날이다" 등으로 고백하는 것이라 봅니다. 그래서 교회를 가서 예배를 하고 작은 동아리 모임에서 성경 공부를 하면서 주일 하루를 보내는 일이 생활화되었습니다.

세상 사람들에 비해 크리스천의 주말 보내기에는 뚜렷한 기본이 서 있다고 보는 게 좋겠습니다. 주일 예배에 참석하는 것을 제외하고 나머지 시간이 여러분이 자유자재로 처분할 수 있는 시간일 것입니다. 주말에 우리가 수행해야 하는 잡다한 일들은 대개 3가지 활동들로 대별할 수 있습니다. 휴식을 취하는 일, 가족을 돌보는 일 그리고 미래를 준비하는 일입니다. 사람에 따라서 어디에 우선순위를 두는가는 다를 수 있습니다.

그런데 저는 조직 생활의 초창기부터 조직이 나의 미래를 보장해주는 곳은 아니라는 생각을 분명히 하였습니다. 스스로 조직을 떠나서도 언제든지 살아갈 수 있는 능력을 갖추는 것이 조직의 책임이 아니라 내 자신의 책임임을 분명히 하였습니다. 이런 자각의 결과로 주말 시간의 상당 부분을 미래를 준비하는 활동에 투입하였습니다. 주말을 어떻게 보내는가는 겉으로 거의 드러나지 않습니다. 지극히 개인적인 시간이기 때문입니다. 그런데 입사를 하고 1년이 가고 2년이 가면서 서서히 간격이 벌어지기 시작합니다. 자신의 분야에서 입신하는 데 성공한 사람이 있는 반면, 내세울 만한 특기를 갖지 못한 사람들도 나오게 됩니다. 상당 부분이 주말을 체계적이고 조직적으로 어떻게 보냈는가에 달려 있습니다.

제가 40대에 예상치 못한 전직에도 불구하고 잊히지 않고 재기할 수 있었던 원동력은 주말과 관련이 깊습니다. 30대의 거의 7년 정도의 시간 동안 목표를 세우고 그 목표 달성에 필요한 기량을 쌓기 위해 주말에 상당 시간을 투입하였기 때문에 가능한 일이었습니다. 그냥 푹 쉰다는 이유로 잠을 자는 데 보내버렸거나, 종일 텔레비전과 씨름하였거나, 계획 없이 빈둥거리면서 지냈다면 저의 40대는 칠흑 같은 어둠과 함께하였을 것입니다. 지금 생각해봐도 미래를 준비하기 위해 자신의 자원 가운데 상당 부분을 주말 동안 투자했던 제 자신이 자랑스럽습니다. 그런 선택과 헌신이 있은 덕분에 오늘의 제가 가능하였습니다. 미래의 씨앗을 뿌리지 않으면 수확할 것도 없는 것은 자연의 이치이자 인생의 이치입니다. '주말에는 일터를 떠나서 자신을 만들어가는 시간을 갖는 날'이라는 생각을 갖기 바랍니다. 자신을 만들어가는 일은 두뇌와 마음속에서 이루어지므로 물리적 공간은 아무런 문제가 되지 않습니다.

어디에서든 여러분의 미래를 준비할 수 있는 사람이어야 합니다. 아무도 여러분을 대신해서 이 일을 해줄 수 없을 뿐만 아니라 그런 준비를 대신해줄 수 없습니다.

19
균형: 모두에게 꼭 맞는 균형은 없습니다

CHRISTIAN
SELF-MANAGEMENT

"자신에게 맞는 균형이 어떤 것인가에 대해 생각을 갖고 있어야 합니다."

"워크-라이프 밸런스와 같은 것은 없다. 다만 워크-라이프 선택들이 있을 뿐이다. 여러분이 선택을 할 수 있으면, 그런 선택은 결과를 낳는다."

GE를 이끌면서 놀라운 성과를 만들어냈던 잭 웰치_{Jack Welch} 전 회장이 가진 '워크-라이프 밸런스_{work-life balance}'에 대한 견해입니다. 이를 해석하는 사람마다 다른 의견을 내놓을 수 있습니다만, 제가 갖고 있는 생각과 상당 부분 일치합니다.

한마디로 모두에게 꼭 맞는 워크-라이프 밸런스라는 개념은 일종의 환상에 불과하다는 주장입니다. 하지만 잭 웰치 회장은 워크 홀릭 성격이 강한 사람이었기 때문에 그의 성향을 염두에 두고 이해해야 할 것입니다.

일정한 시간 동안 워크-라이프 밸런스가 깨질 수 있습니다. 일반적으로 지나치게 일에 많은 시간을 투입하는 사람들을 두고 주변 사람들은 수군거립니다. "저렇게 많은 시간을 일만 하면 도대체 어떻게 하겠다는 것일까?"라는 비난이 나오기 쉽습니다. 하지만 병원에 입원하거나 가정을 완전히 내팽개칠 정도가 아니라면 어느 수준을 지나치게 일을 많이 한다는 기준으로 삼아야 할지 모호하기 짝이 없습니다.

예를 들어, 여러분이 30대라면 세상 사람들에게 비난을 받을 정도라도 직업인으로서의 토대를 구축할 수 있도록 많은 시간을 일에 투자해야 할 것입니다. 제 의견이 다소 주관적일 수 있지만, 집중적으로 몰아붙여야 할 때에 설렁설렁하는 것은 성과를 거두기 힘듭니다. 마치 쾌속으로 질주하듯이 집중적으로 자신을 몰아붙여야 할 때가 있습니다. 적당하게 오랜 시간을 일하기보다는 몰입해서 일정 시간 동안 바짝 몰아붙이는 것이 업무 성과뿐만 아니라 역량을 강화하는 데 도움이 되기 때문입니다.

여러분의 주변에서 만날 수 있는 사람들 가운데 자신의 분야에서 일가를 이룬 사람들은 공통점이 있을 것입니다. 그들은 하나같이 일정 시간 동안 주변 사람들로부터 지나치다는 평가를 받을 정도로 일에 몰입하였을 것입니다. 세상 사람들의 기준으로 미루어보면 워크 홀릭이거나 워크 홀릭이란 오명을 덮어썼던 사람일 것입니다.

매우 비상한 사람이 아니면서 집중적으로 달리는 기간을 갖지 않고서도 상당 수준의 전문성을 확보할 수 있을까요? 저는 회의적으로 봅니다. 집중해서 일하는 시기를 거친 사람들은 숙련도가 향상되고 실력을 인정받기 때문에 시간이 가면서 자신의 삶을 주도적으로 살아갈 가능성을 현저히 높일 수 있습니다. 모두에게 이런 여유가 주어지는 것은 아니지만 대체로 이런 성향을 가진 사람들은 그런 자격을 가질 가능성이 높습니다.

어떤 사람을 평가함에 있어서 단기가 아니라 중장기로 시간대를 확장하게 되면 단기간의 균형 파괴처럼 보이는 것이 현명한 선택일 수 있습니다. 제 자신이 이런 경험을 했기 때문에 더더욱 잭 웰치 전 회장의 주장에 동감을 표합니다. 절대적인 균형의 기준은 없습니다. 자신의 중장기 계획이나 비전에 따라서 일정 기간 동안 평균적인 의미에서 균형을 깰 수도 있습니다. 훗날 100보 전진을 위해서 지금 50보를 후퇴하는 것에 비유할 수 있습니다.

그러나 많은 사람은 워크-라이프 밸런스에 대한 세상의 통념을 크게 벗어나지 못하는 경향이 있습니다. 일에 몰입해야 할 시기에 워크-라이프 밸런스라는 통념에 사로잡혀 지나치게 밸런스를 의식하게 된다는 사실입니다. 일도 때가 있다고 봅니다. 항상 무리할 정도로 자신을 몰아붙이는 것이 가능하지는 않습니다. 그리고 그런 선택이 역량의 축적과 성과의 달성으로 연결되지는 않습니다.

다만 밸런스라는 의미에서 우리가 새겨야 할 것은 아이들을 키우는 아버지나 어머니라면 아이들에게도 한참 동안 시간을 들여야 할 때가 있다는 점입니다. 당장 효과는 나지 않지만 시간을 두고 효과가 나는 것이 아이를 키우는 일이므로 이 부분에 대해서 소홀히 하지 않도록 특별한 주의가 필요합니다. 나중에 얼마든지 더 할 수 있는 일이라면 얼마간은 뒤로 미룰 수 있을 것입니다. 노는 것이나 쉬는 것 등은 모두 이런 부류에 속할 것입니다.

사실 이런 견해는 지금 이 시대엔 소수 의견일 가능성이 높습니다. 특정 영화가 인기를 끌기 시작해 1,000만 명이나 그 영화를 보는 일을 목격할 때면, 저는 무척 놀랍니다. 영화가 뛰어날 수도 있지만, 쏠림 현상이 우리 사회에서 강한 편입니다. 특정 패션이 뜨기 시작하면 걷잡을 수 없을 만큼 유행이 확산되는 것도 저에겐 놀라운 현상 가운데 하나입니다. 하지만 제가 갖고 있는 생각은 다수의 선택이 항상 올바른 것은 아니라는 점입니다. 유행하는 통념에 대해 자기 주관을 가질 필요가 있습니다. 결국 어떤 선택에 대해 책임은 자신이 지는 것이기 때문입니다. 일과 생활의 균형에 대한 통념도 스스로 재해석할 필요가 있다고 봅니다.

20
습관: 좋은 습관이 삶을 구합니다

CHRISTIAN
SELF-MANAGEMENT

"결국 자신이 만들어낸 습관에 의해 많은 것의 결과물이 결정됩니다."

"탁월함은 훈련과 습관에 의해 만들어지는 예술이다. 우리는 미덕이나 탁월성을 갖고 있기 때문에 올바르게 행동하지 않는다. 우리는 올바르게 행동하기 때문에 미덕과 탁월성을 갖게 된다. 우리는 반복적으로 행하는 바로 그것이다. 따라서 탁월성은 행동이 아니라 습관이다."

아리스토텔레스가 『니코마코스 윤리학 Ethika Nikomacheia』에서 설파하는 습관의 중요성입니다. 사람이란 습관의 덩어리입니다. 반복하는 것의 결과물입니다. 한두 번 정도 결심을 해서 잘할 수 있습니다. 결심을 한다는 것은 그것 자체로 상당한 에너지를 필요로 합니다. 한두 번을 넘어서 매번 결심을 하고 실천에 옮기는 일에는 상당한 에너지가 소모됩니다. 아침에 일찍 일어나는 것이나 금연하는 것이나 깔끔하게 업무를 처리하는 일 등을 계속 잘하려면 상당한 에너지를 동원해야 합니다. 유혹을 뿌리치기, 실천하기로 결심하기, 직접 행동하기 등은 하나하나가 모두 에너지가 투입되어야 하는 활동들입니다.

좋은 습관을 갖고 있다면 그것으로 충분합니다. 의식적인 노력을 기울이지 않더라도 자동적으로 특정 행동을 실천에 옮기기 때문입니다. 그래서 자기경영에 성공하기를 원하는 크리스천들이라면 좋은 습관에 특별한 관심을 가져야 할 것입니다.

매일매일 예수님을 닮아가려는 사람들은 성경에서 좋은 습관들을 발견하고 이것들을 체화해야 합니다. 이를 두고 '거룩한 습관들'이라는 이름을 붙일 수 있을 것입니다. 잠언은 이런 습관들의 보고寶庫에 해당합니다. 말씀을 읽고, 암송하고, 묵상하는 일은 습관 만들기의 초석에 해당합니다. 말씀대로 행하면서 우리는 '거룩한 습관'을 자신의 것으로 하나하나 만들어갈 수 있습니다. 그래서 좀 외람된 표현을 사용하자면, 성경은 인류 최고의 자기계발서라 불러도 손색이 없을 것입니다. 여호와 하나님을 경외하라! 악한 자가 너를 꾈지라도 따르지 말라! 근신이 너를 지키게 하라! 명철이 너를 보호하게 하라! 범사에 하나님을 인정하라! 스스로를 지혜롭게 여기지 말라! 하나님의 법을 떠나지 말라! 사악한 자의 길에 들어가지 말라! 악인의 길로 다니지 말라!

잠언을 펼치고 말씀 한 구절 한 구절을 읽다 보면 그것이 모두 우리가 만들어야 할 '거룩한 습관들'의 모음집임을 확인할 수 있습니다. 어디 그뿐인가요? 성경 전편이 하나님의 성품을 닮아가기 위한 거룩한 습관들로 구성되어 있음을 알아차리는 일은 어렵지 않습니다.

그런데 습관을 만들어내는 일에 있어서 한 가지 당부하고 싶습니다. 인간은 워낙 들쭉날쭉하는 존재이기 때문에 무엇인가를 꾸준히 오랫동안 계속하기 힘듭니다. 더욱이 많은 습관을 완벽하게 잘 해내기는 구조적으로 어려운 존재라고 생각합니다. 그래서 예수님은 유대인들이 구약의 율법들에 짓눌려 살아가는 것을 안타깝게 여기시고 그들로 하여금 율법에서 자유롭게 만들어주셨습니다. 의인은 행위가 아니라 믿음으로 구원을 얻을 수 있다는 말씀과 같이 우리에게 완전한 자유를 주셨습니다. 습관을 중요하게 여기면 습관에 짓눌려 생활할 필요가 없습니다. 습관을 지키기 위해 노력하면 100% 지키길 기대할 필요는 없습니다.

단 몇 가지의 핵심 습관을 꾸준히 지키는 것만도 정말 대단한 일입니다. 꼭 지키고 싶은 핵심 습관조차도 며칠은 잘 지키다가 또 며칠은 지키지 못하는 일이 발생하는 것이 자연스럽습니다. 따라서 핵심 습관 3가지 혹은 5가지 혹은 7가지 정도를 잘 지키기 위해 최선을 다해 노력하기 바랍니다. 중간에 문제가 생겨서 지키지 못하는 일이 생기더라도 실망하거나 낙담할 필요는 없습니다. 잘 지키지 못하는 날이 있더라도 잠시 쉬었다가 또다시 지키기 위해 전진한다는 생각을 갖는 일만으로도 칭찬받아야 할 것입니다. 저의 경험에 의하면 단 7가지 습관조차 완벽하게 지켜낼 수 없는 것이 보통 사람들의 본모습입니다. 쉬엄쉬엄 쉬어서 간다는 마음가짐을 갖고 거룩한 습관을 자신의 것으로 만들어보시기 바랍니다. 프랑스의 소설가이자 전기 작가인 앙드레 모루아Andre Maurois의 명언이 우리에게 습관과 우리 자신과의 관계를 명쾌하게 정리해줍니다.

"만일 당신이 행동할 수 있다면 당신은 습관을 만들 수 있습니다. 만일 여러분이 습관을 만들 수 있다면 여러분은 성품이나 기질을 만들 수 있습니다. 만일 여러분이 성품이나 기질을 만들 수 있다면 여러분은 운명을 만들 수 있습니다."

KI신서 7490

크리스천의 자기경영

1판 1쇄 인쇄 2018년 5월 24일
1판 1쇄 발행 2018년 5월 31일

지은이 공병호
펴낸이 김영곤 **펴낸곳** (주)북이십일 21세기북스

정보개발본부장 정지은
정보개발3팀장 문여울 **편집** 윤경선 송치헌
출판영업팀 최상호 한충희 최명열
출판마케팅팀 김홍선 최성환 배상현 이정인 신혜진 김선영 나은경
홍보기획팀 이혜연 최수아 김미임 박혜림 문소라 전효은 염진아 김선아
디자인 제이알컴
제휴팀 류승은 **제작팀** 이영민

출판등록 2000년 5월 6일 제406-2003-061호
주소 (10881) 경기도 파주시 회동길 201(문발동)
대표전화 031-955-2100 **팩스** 031-955-2151 **이메일** book21@book21.co.kr

(주)북이십일 경계를 허무는 콘텐츠 리더

21세기북스 채널에서 도서 정보와 다양한 영상자료, 이벤트를 만나세요!
페이스북 facebook.com/21cbooks **블로그** b.book21.com
인스타그램 instagram.com/book_twentyone **홈페이지** www.book21.com

서울대 가지 않아도 들을 수 있는 명강의! 〈서가명강〉
네이버 오디오클립, 팟빵, 팟캐스트에서 '서가명강'을 검색해보세요!

ⓒ 공병호, 2018
ISBN 978-89-509-7537-1 03230

책값은 뒤표지에 있습니다.
이 책 내용의 일부 또는 전부를 재사용하려면 반드시 (주)북이십일의 동의를 얻어야 합니다.
잘못 만들어진 책은 구입하신 서점에서 교환해드립니다.